ABC
de l'Énergie
pyramidale

COLLECTION « ABC »

Ésotérisme

ABC de l'Astrologie, D. de Caumon-Paoli
ABC de la Cartomancie, G. Sciuto
ABC de l'Astrologie chinoise, D. de Caumon
ABC des Tarots, C. Silvestre
ABC du Yi-King, B. Ducourant
ABC de la Géomancie, A.-M. Cacciaguerra
ABC du Magnétisme, J. Mandorla
ABC de la Numérologie, J.-D. Fermier
ABC des Prévisions astrologiques, D. de Caumon
ABC de la Radiesthésie, J.-L. Crozier et J. Mandorla
ABC de la Symbolique du tarot, C. Silvestre-Haeberlé
ABC des Runes, J.-P. Ronecker
ABC de la Numérologie chinoise, J.-D. Fermier
ABC de l'Astrographologie, S. Chermet-Carroy
ABC de l'Encromancie, U. Mukanda
ABC de la Magie blanche, P. Guérin
ABC des Coïncidences mystérieuses, J. Moisset
ABC des Pierres énergétiques, D. Mantez, J.M. et M. Paffenhoff
ABC de l'Astrologie indienne, D. Huat
ABC de l'Astrologie karmique, L. Larzul

Psychologie

ABC de la Graphologie, M. Moracchini
ABC de l'Hypnose, É. Barone et J. Mandorla
ABC des Rêves, C. Genest
ABC de la Morphopsychologie, C. Binet
ABC de la Morphochirologie, M. Bouillon et P. Rouillier
ABC de Généalogie, V. Gautier
ABC de Psychologie, C. Morel
ABC de la Connaissance de soi, C. Blin
ABC des Couleurs, D. Béresniak
ABC de l'Ennéagramme, É. Salmon
ABC des Psychothérapies, C. Morel
ABC de la Psychologie de l'enfant, C. Morel
ABC de l'Analyse transactionnelle, G. Garibal
ABC de la Mythologie grecque, Ph. de Louvigny

Équilibre

ABC du Yoga, M.-F. Lemoine
ABC de la Géobiologie, D. Semelle
ABC de la Relaxation, J. Choque
ABC de la Médecine chinoise, N. Raphaël
ABC du Qi Gong, L. Dong
ABC des Chakras, D. Lecroq
ABC des Massages traditionnels thaïlandais, D. Lamboley
ABC de la Réflexologie plantaire, D. Lamboley
ABC des Biorythmes, P. Debarbieux
ABC du Taï Chi Chuan, L. Wan der Heyoten

Santé

ABC des Élixirs floraux, E. et C. Maizierre
ABC de la Phytothérapie, docteurs Duraffourd, Lapraz et Valnet
ABC de la Numérologie médicale, docteur M. Rubin, et M. Piétry-Vignat

ISBN : 273390518X - ISSN : 0761-019X

Jacques Warin

ABC de l'Énergie pyramidale

Éditeur : Michel Grancher

JACQUES GRANCHER
98, rue de Vaugirard
75006 Paris

À Colette Silvestre-Hæberlé,
grande dame de l'ésotérisme,
qui transmet les secrets des
arcanes du tarot et ouvre ainsi
la voie de la connaissance...
sans oublier celle de l'amitié.

« Dans l'obscurité, il y a toujours
une lumière »

À ma femme.

LA PYRAMIDE MYSTÉRIEUSE

Petite histoire de la Grande Pyramide

Le 19 mai 1798, Napoléon Bonaparte part pour l'Égypte et entreprend une campagne qui aura plus de retentissements sur le plan culturel que sur le plan militaire. De nombreux scientifiques l'accompagnent : vingt et un mathématiciens, des ingénieurs, des naturalistes, des astronomes, des architectes, des dessinateurs, des hommes de lettres, des imprimeurs... En tout, cent soixante-sept personnes. Cette armada cohabite au jour le jour avec une armée de métier forte de plusieurs milliers de soldats. Tous embarquent à Toulon sur deux cents navires affrétés pour la circonstance. Rêves de gloire ou rêves de guerre... Un destin commun unit ces hommes et les mène vers l'Égypte millénaire, grandiose et énigmatique. Parmi les monuments et les temples des dynasties pharaoniques qu'ils vont découvrir, l'un se détache de l'ensemble, construction stupéfiante à plus d'un titre. Mais le savent-ils ?...

Un site archéologique unique

La Grande Pyramide de Khéops, sur le site de Gizeh au Caire, est classée septième merveille du monde. Impressionné par sa monumentalité, Bonaparte y prononce le 21 juillet 1798 la phrase célèbre : « *Soldats, songez que, du haut de ces Pyramides, quarante siècles vous contemplent...* » Il ne croyait pas si bien dire !

L'histoire des pyramides

L'origine de la construction des pyramides remonte à la IIIe dynastie, aux alentours de 2600 ans avant Jésus-Christ. Les Égyptiens passèrent sans transition du mastaba[1] en boue séchée à la première pyramide en pierre taillée connue sous le nom de " pyramide à degrès ", construite sur le site de Djeser. Cette pyramide est attribuée à Imhotep, considéré comme l'architecte inventeur de ce style.

La grande période des pyramides est allée de la IIIe à la IVe dynastie. Seule une trentaine sur la totalité construite seront reconnues dignes d'intérêt. La pyramide à degrès a été imitée avec des variantes jusqu'à la construction de la pyramide de Khéops que l'on appelle aussi Khoufou, du nom d'un pharaon de la IVe dynastie. Dressée sur le site de Guizeh et entourée des pyramides de Khéfren et Mykhérinos, c'est la plus grande de toutes. Il n'est pas confirmé que les pyramides aient été des tombeaux, car bien des sarcophages qui s'y trouvaient ont été retrouvés vides et des chambres inoccupées.

Après la IVe dynastie, l'aspect des pyramides change : elles ne sont plus à degrès ni rhomboïdales[2], comme celle de Sénéfrou sur le site de Dahchour. Les raisons de cette évolution ne nous sont pas connues…

Avec la pyramide de Khéops, l'art égyptien atteint son apogée. Après elle, l'architecture commence de décliner. On emploie des matériaux de moins bonne qualité et les bâtiments construits, pour la plupart, ne résisteront pas à l'érosion du temps.

(1) Tombe en forme de pyramide tronquée.
(2) Rhomboïde : parallélogramme qui n'est ni losange ni rectangle (Le Petit Robert, 1979).

L'histoire de l'énergie pyramidale

La civilisation égyptienne antique est morte et à jamais disparue. La Grande Pyramide fait partie des ses vestiges les plus étudiés, à la fois par les scientifiques et par les chercheurs en sciences parallèles. En effet, en plus des aspects archéologique, historique et culturel, c'est son aspect architectural typique et les effets physiques qu'il engendre qui intéressent un grand nombre de spécialistes.

En 1930, un quincaillier niçois — Antoine Bovis — fait une étrange découverte en visitant l'intérieur de la grande pyramide de Khéops. Sur le sol de la salle dite “ Chambre du Roi ”, il remarque des cadavres de rats desséchés mais en parfait état de conservation et sans aucune trace de putréfaction. En observateur attentif, il relève certains détails :

• il est dans la salle dite “ chambre du roi ” dans la Grande Pyramide,

• celle-ci est située au tiers de la hauteur par rapport à la base et décalée vers le sud,

• les faces de la Grande Pyramide sont orientées aux quatre points cardinaux.

L'effet Bovis

De retour en France, il construit dans son jardin, en réduction, la réplique exacte de la pyramide de Khéops. Il se sert pour son expérience du cadavre d'un chaton, mort accidentellement, qu'il positionne au niveau de la chambre du roi et oriente comme le modèle original. Le phénomène se reproduit... Encouragé et enthousiaste, il multiplie les expériences et obtient toujours le même succès.

Pour lui, il n'y a plus de doute : la forme et l'orientation de la pyramide produisent un effet “ momifiant ”, une sorte de dessiccation — déshydratation — de la matière organique empêchant le développement et la prolifération des bactéries à l'origine du pourrissement et de la décomposition des chairs.

Dès lors, il est convaincu de tenir une preuve irréfutable de la parfaite maîtrise de l'énergie par les Égyptiens qui ont trouvé le moyen de la focaliser de façon permanente et à volonté grâce à la forme pyramidale.

Peut-être a-t-il caressé le rêve d'appeler “ effet Bovis ” ou “ énergie Bovis ” cette nouvelle forme d'énergie ? Mais il déchantera vite et affrontera l'accueil plutôt froid de la communauté scientifique.

D'autres chercheurs subissent la même déconvenue, comme les Américains Ralph Bergstresser et Verne Cameron, dix ans plus tard.

Aujourd'hui, il ne reste du travail d'Antoine Bovis qu'un peu de matériel dont “ la règle de Bovis ” est la plus connue. Elle sert à mesurer le niveau physique et psychique des vibrations d'un individu pour en déduire son niveau de vitalité. Bovis fut un précurseur auquel il faut rendre hommage.

Un brevet pour la pyramide

Ses travaux ne furent pas vains. Aujourd'hui encore on s'y intéresse, notamment aux États-Unis où ils connaissent un regain d'intérêt. D'ailleurs, pratiquement tous les auteurs de livres sur la Pyramide mentionnent l'expérience d'Antoine Bovis et certains reconnaissent même s'être engagés dans cette voie après avoir eu connaissance de ses expériences.

Ce fut le cas de Karl Drbal, ingénieur radioélectronicien tchèque qui déclare : « *Je suis tombé pour la première fois sur le nom d'Antoine Bovis dans une petite brochure de radiesthésie publiant ses conférences données au cercle de radiesthésie de Nice* ». Il entreprend de reproduire les expériences décrites par Bovis et d'en faire de nouvelles. Convaincu qu'il existe une " *certaine concentration d'énergie dans la maquette de la pyramide* " et se basant sur cette conviction, il y place une lame de rasoir, s'attendant à en voir le tranchant s'émousser. C'est le contraire qui se produit... « *Ainsi*, écrit-il, *commença mon aventure " lame de rasoir* " »[1].

Cette découverte l'encourage à déposer une demande de brevet en 1949 à Prague. Il lui faudra dix ans de longs et patients efforts, d'explications, d'argumentations et d'aides influentes pour faire accepter ce que le physicien russe Malinov qualifiera " d'étrange invention " dans la presse soviétique, s'y intéressant et tentant même d'en donner une explication rationnelle.

La Pyramide médiatisée

La grande aventure continue. Aux États-Unis, une organisation finance des projets d'expérimentation des sciences paranormales avec, pour seul objectif, le bien-être de l'humanité. Il s'agit de la Mankind Research Foundation (MRF) de Washington.

[1] Cet article est reproduit dans le livre : *À la recherche du secret des pyramides*, de Max Toth et Greg Nielsen. Ed. Les Presses de la Renaissance.

En 1986, le Dr Carl Schleicher, membre de la M.R.F., reproduit l'expérience de la " momification des viandes " devant les caméras de la télévision allemande Z.D.F. C'est ce reportage qui a été diffusé sur la chaîne française Arte le 28 septembre 1992, au cours d'une soirée thématique sur l'Égypte.

À la suite, on voit le film de l'expérience de la lame de rasoir réalisée par le Pr H. Maïer de l'université technique de Munich. Elle vaut la peine d'être résumée :

On coupe en deux une lame de type Gillette, on en place une moitié à la hauteur de la chambre du roi, sous la pyramide dont on oriente une face au Nord. Au bout de huit jours, les deux moitiés sont examinées au microscope électronique à balayage qui grossit les images quatre millions de fois. La différence entre les deux tranchants est évidente : les cristaux de métal de celle qui a séjourné sous la pyramide sont reserrés et réalignés.

Le commentateur du reportage conclut : « *Cette expérience permet de constater que l'orientation nord-sud de la lame et la réflexion d'énergie dans la pyramide créent une résonance qui transforme la structure moléculaire de la lame. Il est vraisemblable que la combinaison du champ magnétique terrestre avec la forme particulière de la pyramide de Khéops et avec l'orientation nord-sud, empêche la fuite d'énergie sur les surfaces latérales* ».

L'énergie de la pyramide

Depuis l'épopée Napoléonienne, le chemin parcouru est important et la recherche a porté ses fruits, et celui qui reste à parcourir ne l'est pas moins... Mais ce qui, jusqu'à présent, était l'apanage des grands prêtres de l'Égypte ancienne, devient accessible à tous. Vous aussi pouvez vous initier, sereinement et en profondeur, au pouvoir de la forme pyramidale, une énergie exceptionnelle au service du bon et du bien.

L'ÉNERGIE PYRAMIDALE

Bien des aspects des civilisations de l'Égypte ancienne sont auréolés de mystère... Certains ont été mis au jour, comme l'écriture hiéroglyphique décryptée grâce au génie et à la ténacité de Champollion[1], mais beaucoup d'autres restent entiers. Et ces mystères sont parfois protégés par le voile du secret, ce qui complique encore la tâche du chercheur.

Le secret ne doit pas être violé — du moins est-ce ce que son détenteur souhaite —, de peur que la connaissance qu'il recouvre soit mal utilisée et qu'en tombant dans le domaine public on s'en serve comme un levier du pouvoir. Mais les secrets, aussi bien gardés soient-ils, suscitent le désir irrépressible de les découvrir. On peut même se demander si certains n'ont pas été fabriqués pour attirer l'attention : mieux c'est caché, plus c'est attrayant...

Tandis que les temples, les monuments et les pyramides continuent de nous contempler avec la plus grande indifférence, nous assistons, impuissants, à leur lente dégradation et sommes incapables de comprendre comment ils ont été bâtis. C'est bien là le secret le plus troublant de l'Égypte. Peut-être la grande bibliothèque d'Alexandrie totalement incendiée contenait-elle le savoir des Égyptiens à jamais disparu ? Inutile de se lamenter sur cette perte irréparable car d'autres témoignages demeurent là, devant nos yeux : les édifices monumentaux et, surtout, la Grande Pyramide.

[1] Égyptologue français (1790-1832). Il fut le premier à déchiffrer les hiéroglyphes en 1822.

Peut-être faut-il simplement abandonner notre regard d'homme civilisé et apprendre à voir avec l'innocence d'un enfant ?

Le premier secret

C'est dans la symbolique de sa construction que se trouve le premier des trois secrets de la Grande Pyramide :

Au premier regard, la Pyramide apparaît comme un assemblage de quatre triangles disposés au carré par la base, la pointe dirigée vers le ciel, solidaires par leurs arêtes qui se rejoignent au sommet et se confondent dans l'espace céleste.

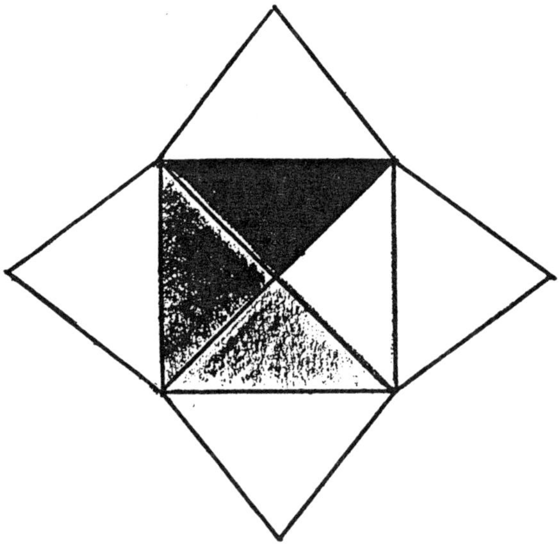

Fig. 1 : La pyramide.

Le triangle a toujours représenté l'évolution dans son sens d'élévation. Il est semblable aux mains jointes tendues vers le ciel par ceux qui espèrent recevoir une force venant d'en haut.

En levant le regard vers la pointe de la Pyramide, les Égyptiens rendaient hommage à Râ, dieu du soleil dispensateur de la vie, dont les rayons ressemblent étrangement aux arêtes de la pyramide. Les quatre triangles associés sont non seulement la représentation de ce qui s'élève mais aussi de ce qui descend.

Le triangle est un symbole universel. On le retrouve dans les traditions orientales et judéo-chrétiennes sous les différents aspects de la Trinité et des Triades. En Inde, le bouddhisme et l'hindouisme — à l'image de la trinité Shiva-Vishnu-Brâma —, organisent tous les domaines de la pratique et de la connaissance en une triple répartition. Ce sont les trois ères, les trois corps, les trois signes distinctifs, les trois yeux, les trois mondes — trois sphères de l'existence : triple voie, trois corbeilles, trois joyaux, etc. —, sans oublier le troisième œil.

Dans la cosmogonie chinoise, la formation du monde et des choses est définie simplement par la formule : « *Le un engendre le deux, le deux engendre le trois et le trois engendre la multiplicité des êtres et des choses* ». (Tao Te King de Lao tseu).

Le corps humain lui-même est composé de trois parties : la tête, le tronc et les jambes. Le monde où nous vivons est lui aussi bâti en trois niveaux : le sol, l'atmosphère et le cosmos. Notre vision géométrique est en trois dimensions et notre vision mentale peut concevoir trois univers : le monde de la matière, le monde des phénomènes et le monde de l'invisible.

Dans cette symbolique trinitaire le “ un ”, à l'évidence, est le générateur, la source originelle. Le “ deux ” est la “ génération ” ce qui est issu ou manifesté du un, et le “ trois ” est l'ensemble des deux autres, le contenant du tout, formant un seul monde où l'abstrait s'associe et se manifeste dans le concret.

En réunissant trois points — trois “ un ” —, on crée le triangle représentatif de l'alchimie complexe de l'univers dans sa forme la plus simple qui soit.

L'éclair de génie des Égyptiens est d'avoir songé à combiner le triangle et le carré, ce qui laisse supposer qu'ils connaissaient l'existence des quatre directions cardinales et les maîtrisaient pleinement. En effet, les quatre faces de la pyramide sont parfaitement orientées au nord, sud, est et ouest.

Ce qui est remarquable dans l'emplacement et la position de la pyramide de Khéops, c'est qu'elle se trouve sur le trentième parallèle qui divise les terres émergées du globe en deux superficies de dimensions égales. À l'évidence, l'aspect universel du symbole n'était pas absent de l'esprit des Égyptiens qui conçurent la Pyramide pour capter l'énergie du Ciel, la combiner à celle de la Terre et s'en servir à des fins diverses.

Pour rendre la pyramide opérationnelle, les Égyptiens y aménagèrent trois “ chambres ” — toujours le chiffre trois... Chacune était en correspondance avec l'une des trois énergies : le Soleil, la Lune et la Terre — énergies luni-solaire et tellurique. Ce sont les trois salles vides découvertes à l'intérieur de la Pyramide. L'une d'elle, dans le sous-sol de la pyramide, a même été qualifiée d' “ inachevée ”. Selon certains archéologues, elle devait servir de salle d'attente pour le cas où le pharaon mourrait avant l'achèvement de la Pyramide, mais on y a trouvé ni sarcophage ni momie qui accréditeraient cette thèse. D'autres avancèrent la théorie qu'il s'agissait d'un projet abandonné, mais compte tenu de la précision de la construction et de l'emboîtement presque parfait de chaque bloc, il est difficile d'imaginer la moindre improvisation dans sa conception et ses plans. En fait, ces trois chambres sont des capteurs d'énergie :

• la chambre souterraine est le point de convergence et de concentration de l'énergie tellurique. Elle est à l'aplomb des deux autres.

• La chambre dite de la reine concentre l'énergie lunaire. Elle se trouve à mi-chemin entre la base de la pyramide et la chambre du roi.

• La chambre dite du roi concentre l'énergie solaire. Elle est située au tiers de la pyramide par rapport à sa base.

Le deuxième secret

Il convient aussi de déterminer exactement le lieu de concentration de l'énergie, qu'on appelle point focal ou “ point Phi ”.

Traditionnellement, on dit qu'il est situé au tiers de la hauteur en partant de la base, au centre de la pyramide, à l'emplacement correspondant à la chambre du roi.

C'est une localisation imprécise et incomplète : il n'y a pas un point focal mais trois ! En effet, les trois chambres captent de l'énergie et la focalisent en un point précis, chacune à leur niveau. D'ailleurs, il suffit de regarder attentivement l'emplacement des trois salles sur un plan de coupe vu de face ou, mieux encore, sur un plan de coupe vu par le sommet, pour se rendre compte qu'au centre de la pyramide, là où la majorité des auteurs situe le point focal, il n'y a rien :

Disposition dans le plan horizontal (fig. 2) :

L'expérience conduite par la Fondation américaine et reproduite pour le reportage diffusé sur Arte, positionne la chambre du roi à son emplacement exact, c'est-à-dire décalée vers le sud, par rapport à l'axe sud-nord et au deux tiers vers l'est dans l'axe est-ouest.

La chambre de la reine est dans l'axe est-ouest, mais nettement décalée vers l'est. On remarque que son côté est se trouve dans l'alignement de celui de la chambre du roi et de la chambre inachevée.

La chambre inachevée, qu'on nommera désormais “ chambre souterraine ”, se trouve dans la même situation que la chambre du roi, mais plus près du centre. Il est à noter qu'elle est entre les deux chambres et que son côté sud se situe à l'aplomb de la chambre du roi, tandis que son côté nord, est à l'aplomb de la chambre de la reine.

Disposition dans le plan vertical (fig. 3) :

Pour ce qui concerne la position verticale de la chambre du roi, sa base est effectivement au tiers de la hauteur en partant du sol de la pyramide.

La hauteur de la chambre de la reine se situe à la moitié du premier tiers sous la chambre du roi.

Quant à la profondeur de la chambre souterraine, elle correspond aux trois quarts du premier tiers.

Toutes ces précisions techniques sont indispensables si l'on souhaite rester fidèle à la conception originelle de la pyramide. On ne peut que s'émerveiller devant les prouesses techniques de ses bâtisseurs et louer le génie de ses architectes — dont Imhotep, architecte et inventeur présumé de la

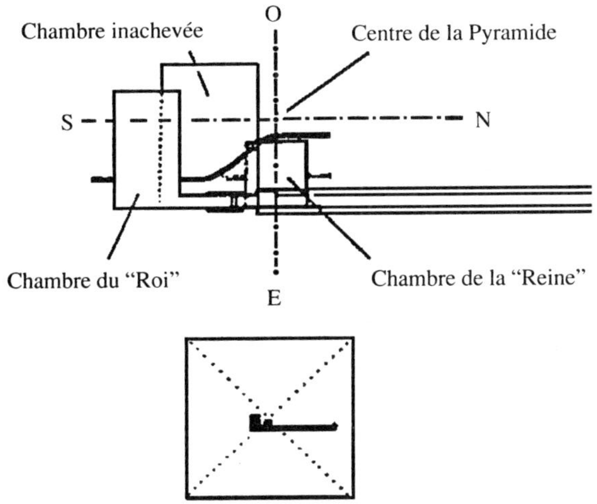

Fig. 2 : Plan de coupe vu par le sommet.

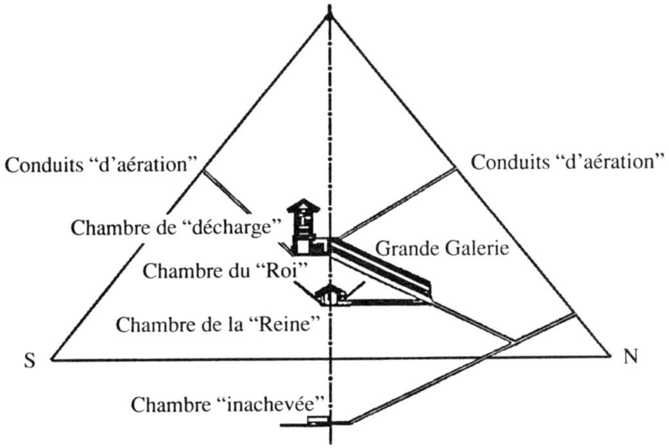

Fig. 3 : Plan de coupe vu de face.

première pyramide égyptienne, dite à degrés, pour le Pharaon Djeser (env. 2600 av. J.C.), fut l'inspirateur et l'initiateur. Dans le même temps, il ne faut pas négliger d'observer scrupuleusement leurs plans, et d'autant plus que les effets de l'énergie pyramidale ne s'expriment que si on les respecte.

Les " conduits d'aération "

Conjointement à cet aspect de la construction de la pyramide, on a complètement ignoré les deux cheminées aménagées en diagonale à travers l'épaisseur de la Pyramide et appelées " conduits d'aération ". Quelle était leur destination ? À quoi servaient-ils ?

On a en effet démontré qu'à l'origine ces deux conduits étaient orientés sur Orion et Sirius. Il est donc très probable qu'ils servaient à canaliser l'énergie stellaire.

L'influence des étoiles apparaît de façon évidente, surtout si l'on se base, entre autres, sur l'étude approfondie de l'architecture égyptienne de A. Bawady écrite avec un astronome[1]. Ils démontent d'une façon convaincante la théorie de la ventilation : « *Cette interprétation... ne résiste pas à une critique objective. En dehors du fait que les Égyptiens n'ont installé de dispositif de cette nature dans aucun de leurs tombeaux, celui qui nous occupe serait, s'il était compris dans ce sens, assez peu conforme à l'art qu'ils déployaient pour ventiler leurs maisons.* » Et : « *Pour ventiler la chambre funéraire de Khéops des canaux courant à l'horizontale au niveau du plafond auraient été plus efficaces que les conduits inclinés qui s'ouvrent à un mètre du sol, à la hauteur du couvercle du sarcophage. On pourrait ajouter à ce*

[1] In : *Le Mystère d'Orion*, R. Bauval et G. Adrian, Ed. Pygmalion.

défaut de conception tous les problèmes de maçonnerie résultant de la construction des deux conduits inclinés à travers les assises successives, procédé que l'on aurait pu éviter en les pratiquant au travers d'une seule assise horizontale. »

Désormais, de nombreux spécialistes sont d'accord pour considérer que la conception originale de ces conduits avait une raison d'être sans doute bien différente de celle avancée lors des premières études sur la Pyramide. Ils sont situés l'un sur la face nord et l'autre sur la face sud. Ils partent tous deux de la chambre du roi, à un mètre du plancher, à la hauteur du coffre. Leur orientation vers des groupes d'étoiles importants ne paraît pas fortuite lorsqu'on sait que l'influence stellaire est directement liée à l'influence solaire qu'elle vient compléter, et toute reproduction de la Pyramide de Khéops doit en tenir compte.

L'organisation interne de la Pyramide en fait une véritable centrale énergétique non polluante, à condition que tous les organes en soient bien à leur place et puissent remplir la fonction pour laquelle ils ont été conçus :

Chambre du roi	→	Capteur de l'énergie solaire
Chambre de la reine	→	Capteur de l'énergie lunaire
Chambre souterraine	→	Capteur de l'énergie tellurique
Deux conduits	→	Capteurs d'énergie Stellaire

Le troisième secret

On l'a vu, la Grande Pyramide est conçue comme une immense antenne dirigée vers le ciel et qui prend ses racines dans la terre. Sa position géographique en fait le centre virtuel de la terre et le pôle d'attraction des influences célestes. Elle suit le globe terrestre dans sa rotation journalière et sa révolution annuelle autour du soleil. Le troisième secret de la Grande Pyramide réside donc dans les directions cardinales et les orientations qu'elle adopte.

Les quatre saisons

Les directions cardinales correspondent aux quatre saisons et à leur influence.

• L'énergie du printemps est reliée à l'est : c'est une énergie d'éveil, de naissance, de mise en route et de départ. Elle apporte la force nécessaire aux entreprises naissantes et les aide à prendre de l'essor. Elle donne l'impulsion déterminante à la concrétisation d'un projet, quel qu'il soit. Elle agit sur les matières organiques et végétales (expérience de momification de la viande).

• L'énergie de l'été est reliée au sud : c'est l'énergie de l'expansion et du développement maximal. Avec elle, on atteint tous les objectifs à condition que l'entreprise à laquelle ils correspondent ne soit pas nouvelle ou naissante. Elle favorise les soutiens et les aides utiles, le développement des sentiments d'amour ou d'amitié, ainsi que le dévouement à une personne ou une cause.

• L'énergie de l'automne est reliée à l'ouest : c'est l'énergie de la maturité et de la récolte. Son utilisation doit être limitée en priorité à la recherche et à l'obtention des résultats qui se font attendre. Il n'est plus question ici de démarrage ou d'expansion. Son but essentiel est de conclure avantageusement une entreprise, dans quelque domaine que ce soit.

• L'énergie de l'hiver est reliée au nord : c'est l'énergie froide et tranchante de l'activité solitaire, lorsqu'il n'est pas possible de compter sur une aide extérieure. Elle agit surtout dans les entreprises où l'initiative et la décision ne dépendent que de soi. Elle adoucit la traversée des périodes de solitude et d'épreuves. Elle rend fort et indépendant. Elle agit sur les matières non-organiques (expérience de la lame de rasoir).

Direction	**Orientation**	**INFLUENCE**
Est	Printemps	ÉVEIL, NAISSANCE, DÉBUT
Sud	Été	EXPANSION, DÉVELOPPEMENT, AMOUR
Ouest	Automne	MATURITÉ, RÉCOLTE, CONCLUSION
Nord	Hiver	DÉCISION, SOLITUDE, DIFICULTÉ

Le fait que l'on n'ait pas retrouvé de momies dans les pyramides remet en cause leur destination funéraire. Par exemple, la tombe du jeune pharaon Toutankhamon, mort vers l'âge de dix-huit ans, a été retrouvée sous la demeure de simples ouvriers.

Le grand secret de l'énergie pyramidale est près d'être dévoilé : comme cela a été soupçonné depuis fort longtemps, la Khéops n'est pas un simple “ mastaba ”(1) mais un monument symbolique, religieux et initiatique, une construction en rapport étroit avec les étoiles et non seulement avec le soleil, comme beaucoup l'ont pensé dès le début de l'Égyptologie.

(1) Constructions de boue séchée aux formes diverses, parfois pyramidales. Ils étaient édifiés sur la sépulture des rois ou des nobles.

Le grand secret de la Pyramide de Khéops s'articule sur trois axes importants principaux :

• elle capte l'énergie cosmo-tellurique et la concentre à l'intérieur des trois chambres,

• elle comporte trois poins de focalisation,

• ses quatre faces correspondent à quatre directions captant l'énergie des saisons.

La pyramide est un instrument qui met à la disposition de celui qui sait l'utiliser les énergies cosmo-telluriques qui s'y concentrent. Les chambres en sont les points de focalisation et les faces les points d'orientation et de dispersion vers le but à atteindre.

Dans les expériences concernant la viande et la lame de rasoir, l'orientation de la pyramide était chaque fois différente : vers l'est pour la première et vers le nord pour la seconde. Dans les deux cas, c'est la force de la chambre du roi qui a été utilisée.

Les applications

L'innovation proposée dans cet ouvrage est d'utiliser les énergies de la chambre de la reine et de la chambre souterraine qui sont des réalités concrètes et irréfutables. Les méthodes d'utilisation de l'énergie pyramidale proposées jusqu'ici étaient simplifiées, parfois même simplistes... Notre but est de vous initier intégralement à l'usage de l'énergie pyramidale, sans rien omettre de ce qui nous a été transmis par l'étude et l'expérimentation. C'est le fruit de nombreuses démonstrations poussées jusqu'aux limites de l'imagination et guidées par le souci de n'accepter que ce qui a été vérifié.

Nous nous sommes servis des maquettes de notre fabrication réalisées en divers matériaux comme le carton, le grès, la céramique, le bois ou le cuivre. Nous avons expérimenté les simples structures reproduisant la forme pyramidale avec des baguettes en bois ou en cuivre, et la pyramide “ fictive ” réalisée dans l'espace avec des angles fixés à une table et un cône la surplombant à la hauteur adéquate. Nous avons enfin découvert un montage fait de deux pyramides dont l'une est inversée, et qui s'emboîtent par leurs pyramidions (tous ces montages sont décrits dans le deuxième chapitre).

Il n'est pas question de croire ou de ne pas croire, il s'agit de faire sa propre expérience et d'éprouver personnellement la réalité des théories qui sont avancées dans ce livre ou dans d'autres.

Quelle époque formidable et extraordinaire que la nôtre, où il est possible, à l'instar des pharaons et des grands prêtres initiés, d'accéder au pouvoir de la Pyramide qui nous met en relation avec l'univers et nous permet de maîtriser ses forces ! L'usage de l'énergie pyramidale permet d'intervenir dans de multiples domaines de la vie quotidienne et d'avoir à sa disposition un moyen de réaliser des désirs ou des objectifs apparemment inaccessibles.

Une aide bien concrète

Voici un exemple qui illustre bien quand et comment agit l'énergie pyramidale. Il s'agissait d'obtenir un appartement à une adresse très précise dans Nice et, qui plus est, au deuxième étage de l'immeuble ! À l'origine, pourtant, ce souhait semblait irréaliste et... irréalisable ! Il y a plusieurs années, je connaissais un couple habitant cet immeuble, dont le mari, électricien, assurait l'entretien. Selon eux, il était entièrement occupé. Aucun appartement ne devait se libérer dans les semaines ou les mois à venir. Je leur demandais de me prévenir si une occasion se présentait mais ils ne me laissèrent aucun espoir. C'est dans cet état d'esprit que je décidai de faire intervenir la pyramide.

Le destin est étrange, il peut être à la fois macabre et facétieux... Quatre jours après l'installation du dispositif pyramidal, je reçus un coup de fil de la femme de mon ami qui m'annonça qu'un appartement était disponible. Cela me ravit à double titre puisque mon souhait réalisé apportait une nouvelle confirmation de l'efficacité du pouvoir de la pyramide.

Mais ma joie fut de courte durée, et la raison de la libération inattendue et soudaine de cet appartement me tomba sur la tête comme un poids de plusieurs tonnes : une locataire du cinquième étage était décédée !

Je me sentis soudain très mal à l'aise et les questions se bousculèrent dans ma tête... Qu'avais-je fait ? N'avais-je pas joué à l'apprenti sorcier ? Le pouvoir des pharaons n'était-il pas dangereux ? Je n'avais nullement l'intention de faire mourir quelqu'un pour obtenir un appartement, ni autre chose d'ailleurs !

Je demandais avec appréhension quand cela était arrivé. En fait, elle était décédée à l'hôpital depuis quinze jours déjà. Occupé par les formalités, la famille n'avait pu avertir plus tôt le propriétaire de l'immeuble et la nouvelle avait mis tout ce temps pour circuler et arriver jusqu'à nous. Rassuré sur le chapitre de ma responsabilité et impuissant quant à modifier le destin de cette dame, je me remettais lentement de mon émotion.

Tout d'un coup la réalisation de mon souhait m'apparaissait possible. Mais il restait un point d'insatisfaction : c'est au second étage que je voulais emménager, non au cinquième !

Je m'en serais contenté tout de même... Mais l'énergie pyramidale peut tout, et c'est là le côté amusant de cette anecdote : le locataire du second étage déménagea au cinquième et j'emménageai bientôt à l'adresse et à l'étage désiré !

Clairvoyance et discernement

Cet enchaînement de circonstances montre bien que, même si rien n'est simple dans la vie, l'énergie pyramidale peut aider à tirer parti d'une autre réalité. Il ne faut pas, pourtant, s'imaginer qu'elle balaye tous les obstacles pour satisfaire uniquement notre intérêt, et d'autant moins que nous ne sommes pas toujours conscient de ce qu'est cet intérêt. Pour moi, je dois dire que la pyramide m'a maintes fois garanti contre moi-même et protégé d'obstacles imprévisibles.

Voici un autre récit qui servira d'exemple. Désireux de s'éloigner de la ville et de trouver un peu de calme, un couple avait trouvé un terrain dans un lotissement des environs de Nice, situé à flanc de colline. Aussitôt, ils avaient commencé un dossier et sollicité des prêts pour le faire bâtir. Pourtant, malgré l'aide maintes fois sollicitée de la pyramide, ils ne réussirent jamais à réaliser ce projet... Perplexes et déçus, ils pensèrent raisonnablement que tout a une limite, même la pyramide.

Environ trois ans plus tard, ils avaient complétement oublié cet épisode de leur vie lorsque, par un heureux hasard, ils découvrirent la raison de l'échec de l'énergie pyramidale : ils rencontrèrent une dame demeurant dans le lotissement qui les avait intéressés et apprirent que, après des pluies diluviennes, plusieurs maisons avaient gravement pâti de glissements de terrain... Imaginons un instant qu'ils aient réussi à obtenir leur crédit, ils seraient, aujourd'hui, dans de sérieux ennuis !

Ne croyez-pas que l'utilisation de l'énergie pyramidale se borne au domaine de l'immobilier. On la met en œuvre pour bien d'autres choses ayant trait à tous les aspects de l'activité et tous les plans du psychisme humain. On peut d'ailleurs en dresser la liste, sans prétendre à l'exhaustivité. Six domaines sont concernés : la santé, le matériel, le professionnel, l'affectif, le psychique et le spirituel. Ils seront tous traités de façon pratique dans le troisième chapitre.

LA FABRICATION DE LA PYRAMIDE

Les mesures de la Pyramide

Les propriétés mystérieuses de la Grande Pyramide sont engendrées par ses dimensions et son orientation, soigneusement calculées et réalisées par des hommes tout à fait conscients du résultat qu'ils voulaient obtenir. Il ne s'agit pas là d'un agencement hasardeux mais, au contraire, d'une réalisation d'une remarquable précision. C'est dire s'il est important, avant de décrire l'utilisation de la pyramide, d'en étudier soigneusement les mesures pour pouvoir les reproduire.

Les dimensions de la Grande Pyramide

Parler des dimensions de la pyramide de Khéops constitue une véritable gageure, car elle a subi l'usure du temps et ne ressemble plus à ce qu'elle était autrefois. Son revêtement, en particulier, a presque complètement disparu. Par ailleurs, le pyramidion — c'est-à-dire le "petit bout " — formant la pointe du sommet, est également absent. On ignore de quoi était fait ce pyramidion... certains parlent d'or ou de cristal. En fait, on ne sait même pas s'il y en avait vraiment un ! Enfin, l'érosion due au passage du temps et à la dérive des continents a sensiblement modifié ses mesures originelles.

Heureusement, nous pouvons encore appréhender la structure de la Pyramide grâce au " Nombre d'or ", mesure fondamentale utilisée dès l'Antiquité par les concepteurs de l'architecture sacrée puis les bâtisseurs de cathédrales.

Le Nombre d'or

C'est une proportion particulièrement harmonieuse et esthétique aux correspondances ésotériques, une “ divine proportion ” présente dans la nature.

Les proportions de la Pyramide de Khéops matérialisent le Nombre d'or, ce qui permet d'établir une règle simple permettant d'en reproduire des modèles réduits de toutes les tailles.

La forme pyramidale est composée de quatre triangles isocèles de mêmes dimensions. La seule mesure à déterminer est la longueur de la base du triangle. Cette longueur une fois choisie, on y applique l'indice du Nombre d'or, soit : 1,618.

Exemple :

C'est la longueur de la base qui va nous servir d'exemple. Elle mesure 230,330 m.

La hauteur totale de la Pyramide fait l'objet de polémique. L'application du Nombre d'or va nous fournir sa hauteur virtuelle dans l'axe central :

230,330 m : 1,618 = 142,35 m

Mais la hauteur de la Pyramide n'est pas la hauteur du triangle de chaque face, c'est la perpendiculaire abaissée du sommet de la pyramide qui s'appelle l'apothème.

Celui-ci se calcule par rapport au côté de la base en y appliquant l'indice 1,23 :

230,330 m : 1,23 = 187,26 m

La pointe de la Pyramide étant tronquée, il convient de

réduire la hauteur de la dimension correspondante, mais sans modifier les autres mesures du triangle. Le calcul se fait à partir de la hauteur du triangle divisée par l'indice 1,108 que nous avons nous-mêmes calculé :

187,26 m : 1,108 = 169 m

Mesures idéales de la pyramide

Côté de la base	Hauteur à la pointe	Hauteur tronquée	Hauteur du triangle pointu	Hauteur du triangle tronqué
Indice	1,618	1,6787	1,23	1,108
230,33	142,35	137,20	187,26	169

En se basant sur les mesures de ce tableau, il est possible de réaliser des pyramides au 500e, au 1000e ou au 2000e.

Les mesures de la Grande Pyramide

		Dimensions	
Base	230,33 m	23,03 cm	11,51 cm
Hauteur	142,35 m	14,23 cm	7,11 cm
Apothème	187,26 m	18,72 cm	9,36 cm
		Points focaux	
Solaire	47.45	4.74	2.37
Lunaire	21.08	2.10	1.05
Dimensions	Réelles	1000^{e}	2000^{e}

Des modèles de triangles sont à votre disposition dans les pages suivantes. Vous pourrez les reproduire en carton uniquement, en les agrandissant ou les réduisant à volonté.

Étant donné que la chambre du roi et celle de la reine sont décalées, et compte tenu de la présence des trous correspondant aux conduits d'aération, chaque face est repérée par rapport au point cardinal vers lequel elle doit être orientée. Il convient de respecter cette orientation.

Présentation des deux modèles

• La base du premier modèle comporte l'emplacement exact de la chambre du roi, figuré par un rectangle barré de deux diagonales qui situent exactement le point de focalisation de l'énergie solaire. C'est le pôle positif.

Il est associé à la chambre tellurique représentée par un rectangle noir. C'est le pôle négatif.

Ce modèle comprend le support permettant de se trouver à la hauteur exacte de la chambre du roi.

• La base du second modèle comporte l'emplacement exact de la chambre de la reine figurée par un carré barré de deux diagonales qui situent exactement le point de focalisation de l'énergie lunaire. C'est le pôle positif de ce modèle qui est, pour les mêmes raisons, associé à la chambre tellurique représentée par un rectangle noir.

Ce modèle comprend le support pour être à la hauteur exacte de la chambre de la reine. Chaque support devra être reproduit dans la couleur de la pyramide choisie. Après l'avoir découpé, plié et collé pour en former un parallélépipède rectangle, il faudra le coller sur la base correspondante.

Pour que la Pyramide agisse au maximum de son efficacité, il faudra mettre sur le support du point focal choisi la photo du sujet qui va bénéficier de l'aide de l'énergie pyramidale. Cette photo doit être posée à plat sur le support, le haut de la tête bien orienté vers le point cardinal indiqué dans le chapitre trois, en correspondance avec le domaine, l'action et l'objet concernés.

Exemples :

• *Domaine " matériel "*, action " finances ", objet " spéculation " : il faudra une pyramide verte, un point focal lunaire et une orientation au sud.

• *Domaine " professionnel "*, action " salarié ", objet " embauche " : il faudra une pyramide rouge, un point focal solaire et une orientation à l'est.

Si vous ne possédez pas de photo de la personne en question, vous pourrez la remplacer par son nom, son prénom, sa date et son lieu de naissance, écrits sur un petit carré de papier, de préférence de la couleur de la pyramide. On peut y rajouter l'heure de la naissance si on la connaît. Si l'un de ces éléments fait défaut, utilisez ceux que vous possédez en étant le plus précis possible.

Dans le quatrième chapitre, vous apprendrez à vous servir des éléments complémentaires — cartes de tarot, symboles géomantiques, alphabet runique, hexagrammes du Yi-King, dessins actifs, numérologie magique... — qui expriment et synthétisent des forces particulières de l'univers sensible et suprasensible, captées et reconnues par l'inconscient collectif.

Les points de focalisation

Chacune des trois chambres de la Grande Pyramide est un capteur d'énergie focalisée. Choisir un point focal, c'est donc choisir l'énergie adéquate pour atteindre son but.

• La chambre du roi

C'est le capteur de l'énergie solaire, reconnu par tous les spécialistes de la pyramidologie. Il concentre l'énergie cosmique créatrice agissant sur les matières organiques, végétales, animales ou humaines et les matières non organiques comme les métaux.

C'est une énergie masculine de transformation et de mutation utilisable dans tous les domaines réclamant une force active de création, dynamique et concrète :

Mode d'emploi :

Santé → dynamisme et vitalité.

Domaine matériel → entreprise, finances, procès, réalisation et expansion.

Domaine professionnel → création, maintient et relance d'entreprise, de commerce et d'artisanat, recherche d'emploi, promotion et avancement.

Domaine affectif → amour et rencontre, sexualité et passion.

Domaine psychique → examens et concours.

Spiritualité → actions humanitaires.

• La chambre de la reine

C'est le capteur de l'énergie lunaire. Cette chambre fait bien partie de l'ensemble pyramidal mais personne n'en a encore parlé ni essayé d'exploiter son énergie. Elle représente le point focal des énergies de la nuit, féminines et intérieures.

C'est une énergie de préparation et de développement des choses. Elle favorise la croissance et l'aboutissement de toutes les entreprises engendrées grâce à l'énergie solaire créatrice.

On l'utilisera pour obtenir une force intérieure qui servira à exécuter plutôt qu'à décider, pour développer et stimuler la croissance des êtres et des entreprises et pour mener tous les projets entamés à leur terme :

Mode d'emploi :

Santé → tous les problèmes.

Domaine matériel → protection des revenus et des finances, économies, réserves.

Domaine professionnel → valorisation et maintient de l'emploi.

Domaine affectif → tendresse et affection dans le couple, la famille et entre amis.

Domaine psychique → méditation, yoga, arts martiaux, médiumnité, voyance, parapsychologie, occultisme, réalisations occultes et protection.

Spiritualité → entretien et développement de la spiritualité.

• La chambre inachevée

C'est le capteur souterrain de l'énergie tellurique. Cette chambre est reliée indifféremment aux deux autres. Tout comme l'être humain composé de matière a besoin pour vivre de l'énergie des éléments terrestres — eau, air, métaux, minéraux... —, la chambre du roi et celle de la reine doivent être reliées à l'énergie tellurique de la chambre inachevée. En effet, la chambre du roi représente le Soleil, la chambre de la reine la Lune et la chambre inachevée la Terre. Par analogie, on peut dire que celle-ci “ nourrit ” les deux autres chambres : elle active l'énergie solaire de la chambre du roi et l'énergie lunaire de la chambre de la reine.

Orientation de la pyramide

Une des particularités de la Pyramide de Khéops est son orientation : chaque face est dirigée vers un point cardinal. La lumière naissante illumine la face est, atteint son apogée au sud, amorce son déclin à l'ouest et disparaît au nord.

Les forces de la nuit accompagnent elles aussi la pyramide en circulant autour d'elle parallèlement à la rotation de la terre. Elles préfigurent les cycles vitaux, de la naissance à la pleine croissance puis de la maturité à la vieillesse aboutissant à la mort avant une nouvelle renaissance.

Comme Osiris, symbole solaire, tué et découpé en morceaux dispersés aux quatre coins du monde puis rassemblés par Isis, symbole lunaire, la nuit rassemble et réunit les forces lumineuses qui participent à la naissance du nouveau jour.

Les quatre orientations cardinales représentent les phases du flux énergétique du Soleil, le jour, et de la Lune, la nuit :

Est → énergie naissante.
Sud → énergie à son apogée.
Ouest → énergie à son déclin.
Nord → énergie parvenue à son terme.

• Mode d'emploi

On peut orienter les témoins à l'intérieur de la pyramide de deux façons :

- sur le point focal solaire,
- sur le point focal lunaire.

La pyramide reste orientée au nord suivant les repères de chaque face. On pose à plat une photo sur le point focal en orientant le sommet de la tête dans la direction choisie — nord, sud, est, ouest —, et on empile au-dessous un ou plusieurs éléments complémentaires (p. 119 à 279).

Orientation sur le point focal solaire

Est → débuter une action, créer une entreprise, démarrer un projet.
Sud → étendre une entreprise, développer un projet, fusionner, trouver un appui, augmenter un capital.
Ouest → récolter les fruits d'une action, les résultats d'une entreprise, favoriser la maturité d'un projet.
Nord → hâter le terme d'une action, la fin d'une entreprise, favoriser une séparation, une vente

Orientation sur le point focal lunaire

Est → rechercher un emploi, débuter la vie d'un couple, favoriser le mariage, la maternité, la naissance ; agir sur le psychisme ; méditer et se concentrer ; révéler la spiritualité ; révéler les facultés parapsychologiques.

Sud → favoriser le domaine professionnel, magnifier la relation sentimentale, favoriser la stabilité du couple, éduquer harmonieusement les enfants, augmenter la maîtrise de soi, avancer sur son chemin spirituel, développer les facultés parapsychologiques.

Ouest → se faire reconnaître professionnellement, stabiliser une carrière, responsabiliser dans la profession ; assurer la prospérité et l'aisance du couple ; assurer le démarrage et la réussite des enfants ; développer la sérénité, le calme et la quiétude ; élever spirituellement ; maîtriser les facultés parapsychologiques.

Nord → faciliter le départ en retraite, divorcer sans problème, mettre fin aux responsabilités parentales, résoudre les problèmes psychologiques, assumer un détachement, faire aboutir une action occulte.

Voici maintenant dans les pages suivantes les schémas qui vous seront utiles pour réaliser les modèles que nous vous proposons.

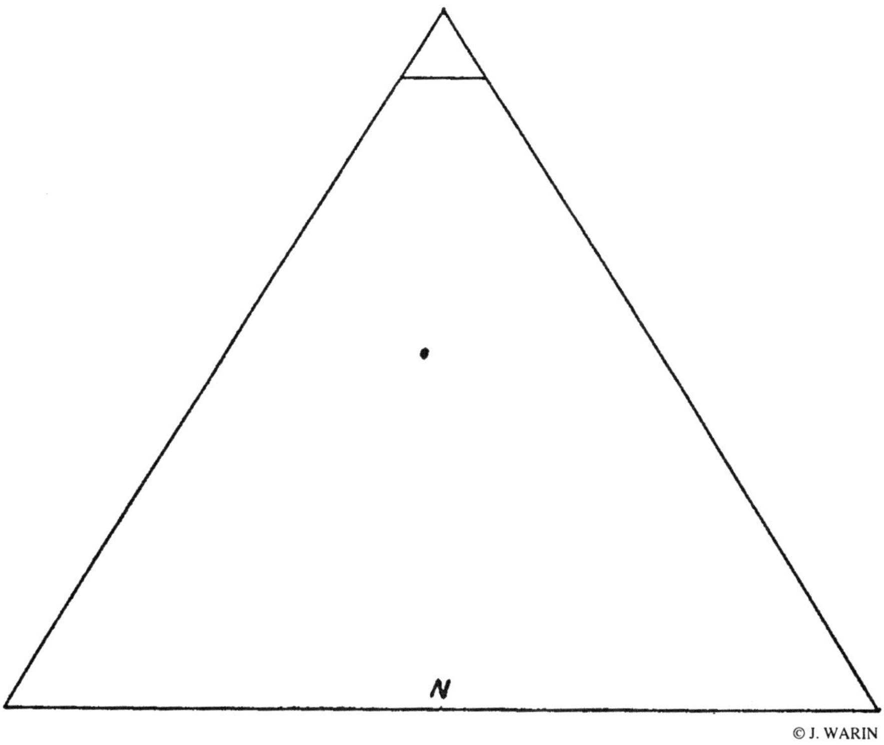

Fig. 4 : Face nord et son conduit d'aération.

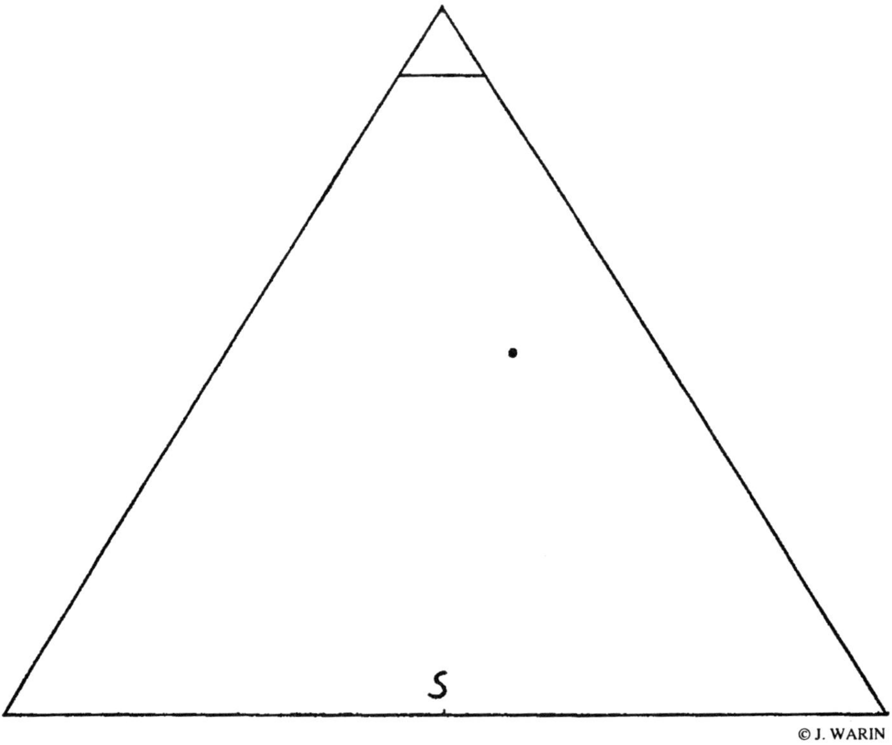

Fig. 5 : Face sud et son conduit d'aération.

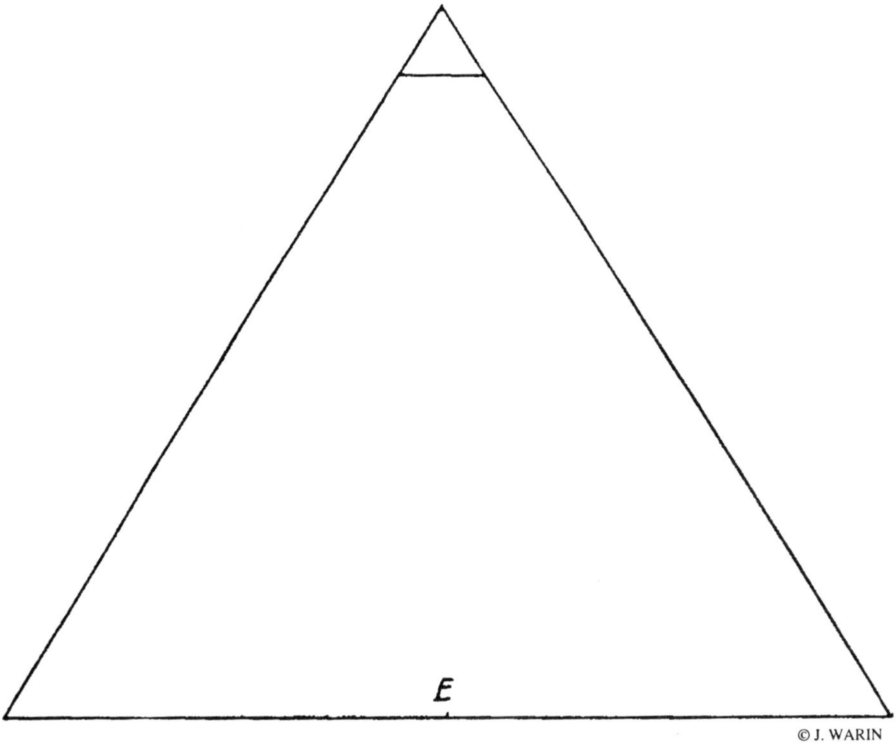

Fig. 6 : Face est.

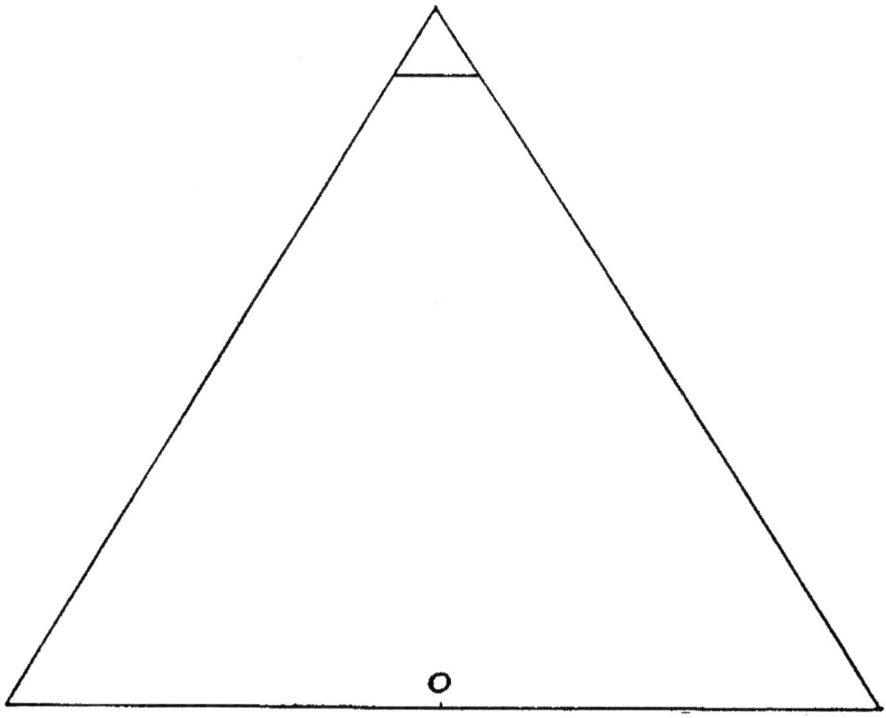

Fig. 7 : Face ouest.

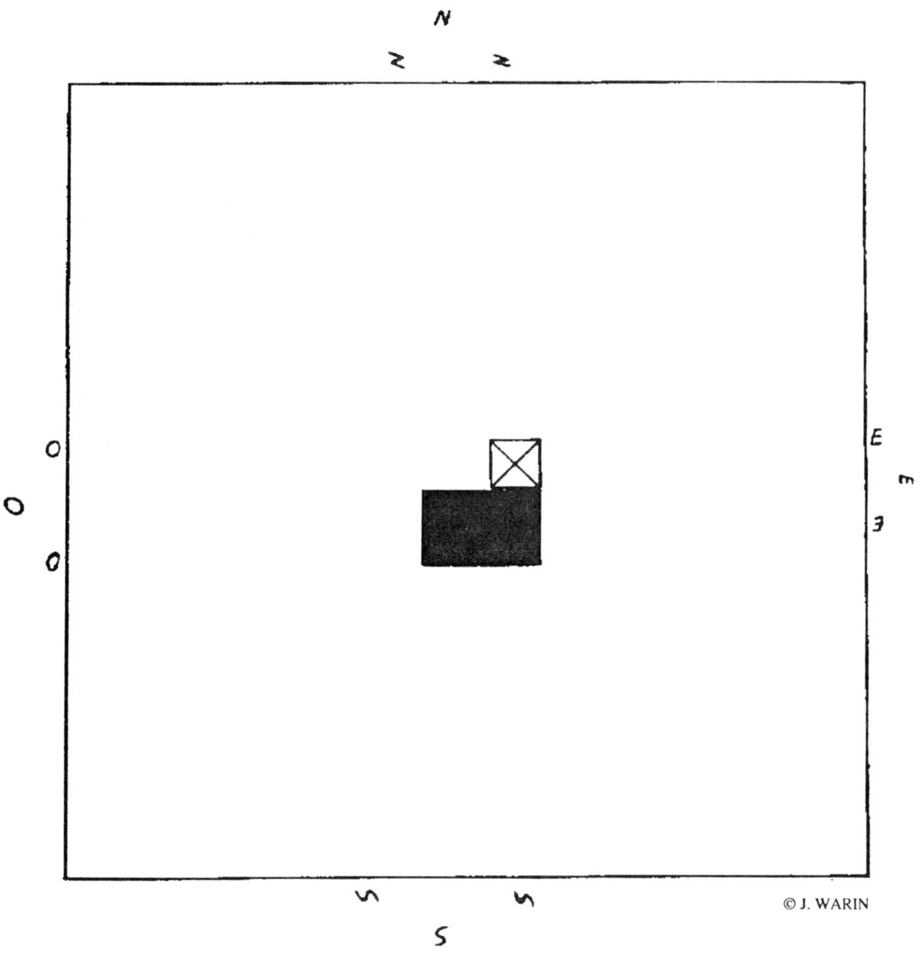

Fig. 8 : Base pour le point focal lunaire.

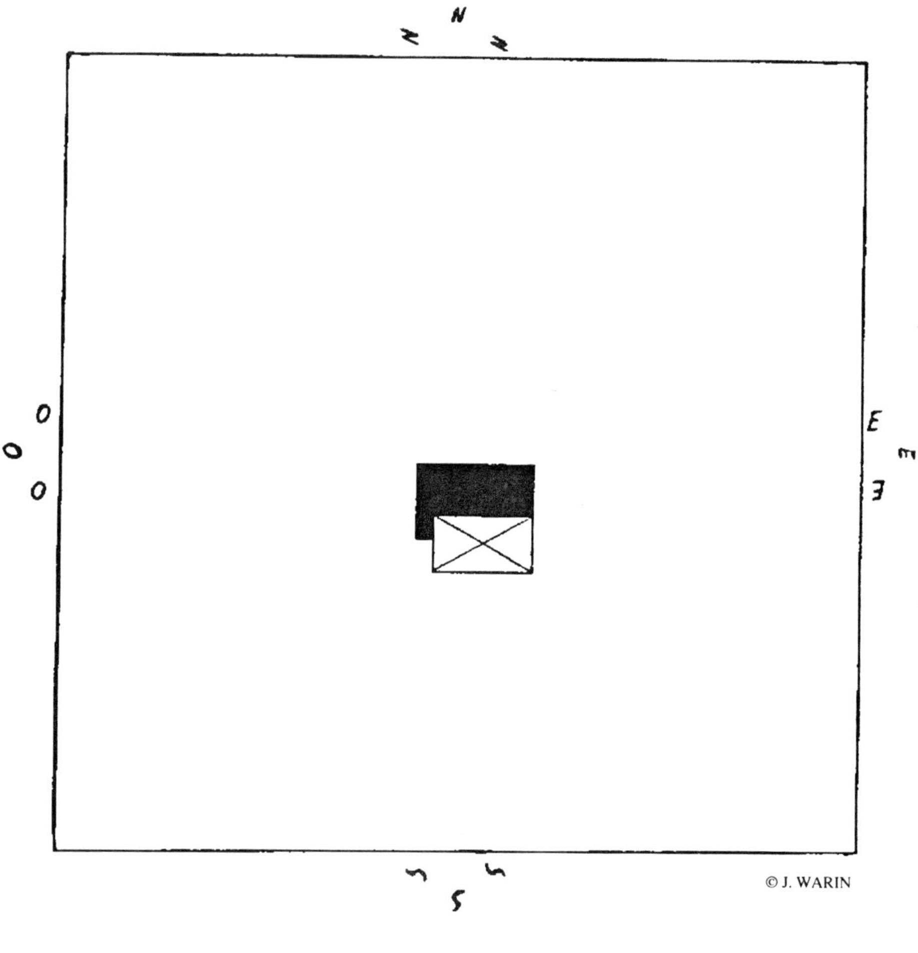

Fig. 9 : Base pour le point focal solaire.

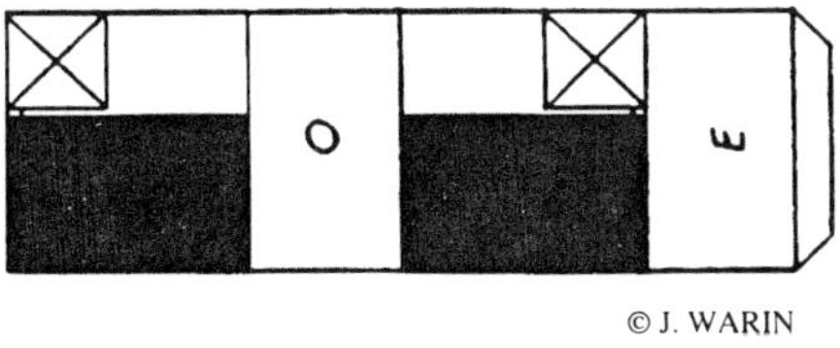

Fig. 10 : Support de focalisation de l'énergie lunaire.

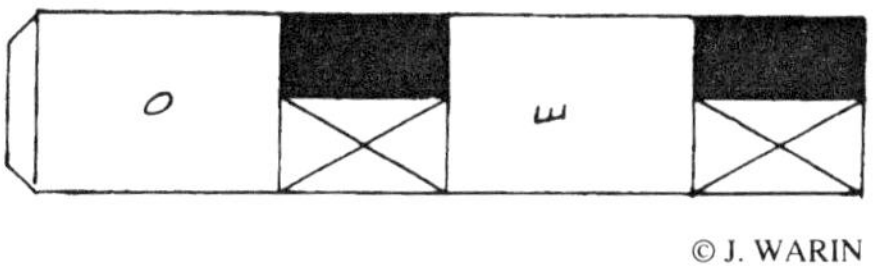

Fig. 11 : Support de focalisation de l'énergie solaire.

Reproduire, découper, plier et coller. Positionnez ces parallélépipèdes rectangles à leur place matérialisée en sombre sur la base appropriée.

Les couleurs

La couleur est une impression reçue par l'œil de la radiation émise par la lumière et réfléchie ou absorbée par les surfaces. Dans l'*ABC des Couleurs*, Daniel Beresniak dit : « *La lumière et, par conséquent, les couleurs sont en rapport avec le mouvement et la température. Il s'agit donc d'une manifestation de l'énergie. Les couleurs sont les attributs de cette substance-mère qui est à l'origine de la vie.* »[1]

Les couleurs traditionnelles employées pour la fabrication des pyramides sont le vert, le rouge, le jaune et le bleu.

Selon les convention admises, les domaines d'application de ces couleurs sont :

Vert → tout ce qui a trait à l'argent, aux finances, aux affaires, aux transactions ou à l'emploi.

Rouge → tout ce qui concerne les domaines de l'affectif et du sentimental.

Jaune → tout ce qui se rapporte à l'intellect, au psychisme et à la spiritualité.

Bleu → tout ce qui est dépendant de la santé, du dynamisme et du bien-être.

On peut en rester à cette définition et l'appliquer telle quelle. Mais on peut aussi, avec les seules couleurs primaires — rouge, jaune et bleu — et leurs dérivés obtenus par

[1] *ABC des Couleurs*, Daniel Beresniak, Ed. Jacques Grancher.

mélange, affiner et enrichir les implications de la couleur dans la construction pyramidale.

• Le rouge

Les attributs symboliques du rouge sont, d'après Daniel Béresniak : pouvoir créateur, charité, force, courage, ardeur, générosité, passion, virilité, principe de la vie, feu et sang, dynamisme, ténacité.

Le rouge est associé à Mars.

C'est une couleur qui pourra être employée efficacement dans tous les domaines où l'action et l'esprit de conquête sont nécessaires pour se défendre et obtenir la victoire. C'est une influence qui dépasse le cadre des domaines affectif et sentimental.

Pour ce qui concerne la santé, on l'emploiera pour stimuler le dynamisme, la vitalité et la circulation sanguine.

• Le jaune

Les attributs symboliques du jaune sont : révélation de l'amour et de la sagesse, haut idéalisme, conscience et expansion, intellectualité, action, soleil et or (à la fois matériel et spirituel).

Le jaune est associé au Soleil.

C'est une couleur qui peut être influente dans le domaine matériel, du moment qu'elle est associée à une autre.

• Le bleu

Les attributs symboliques du bleu sont : sagesse divine manifestée par l'esprit, souffle divin, éther, paix, calme, ciel, air, pureté, immatérialité, méditation, loyauté, sincérité, félicité, féminité, les yeux.

Le bleu est associé à Jupiter.

C'est une couleur qui concerne la santé dans son expression psychosomatique et la psychologie. Elle peut aider à atténuer le stress et la nervosité, à améliorer la vue, à résoudre les problèmes spécifiquement féminins. Elle sert aussi à calmer la douleur.

L'association des couleurs primaires permet d'obtenir les couleurs secondaires qui apportent les nuances nécessaires pour affiner les effets de l'énergie pyramidale. On peut ainsi approcher de plus près le résultat escompté.

• Le vert

C'est la combinaison du bleu et du jaune qui panache l'effet de ces deux couleurs.

Les attributs symboliques du vert sont la croissance, la renaissance, la luxuriance de la nature et l'espoir.

Il agit avant tout comme un régénérateur de la santé physique et psychique, et dans les domaines matériel et spirituel.

• Le rose

C'est la combinaison du rouge et du blanc. L'ardeur du rouge y est tempérée par le blanc. La tendance passionnée et virile du rouge se transforme en amour pur.

Les attributs symboliques du rose sont la chair, la tendresse, le sang sublime, l'amour psychique.

Il favorise la douceur et la sérénité des relations affectives — amicales ou familiales — et sentimentales. Il stimule la délicatesse et la volupté.

• L'orange

C'est la combinaison du rouge et du jaune. L'orange est la couleur de la communication et de la croissance. C'est une couleur qui exige qu'on choisisse bien son objectif — matériel ou spirituel — car elle n'agit pas dans les deux sens à la fois.

Les attributs symboliques de l'orange sont contradictoires : il représente aussi bien le feu de la passion que l'amour divin, la matérialité que la spiritualité

Il est efficace sur les plans matériels et concrets. Il stimule la communication et la réalisation des démarches qui permettent de progresser dans le domaine spirituel. Il favorise également le complet détachement des choses matérielles.

• Le violet

C'est la combinaison du rouge et du bleu qui exprime la passion, le dynamisme et la ténacité mis au service de la plus haute spiritualité.

Les attributs symboliques du violet sont : l'intellectualité, agent conciliateur entre le sentiment et la raison, le mysticisme, la contemplation.

Il peut conduire jusqu'à l'ascèse ou le mysticisme et, en tout cas, il développe le sentiment de profonde humanité qui sommeille en chacun de nous.

• Le blanc

C'est la synthèse de toutes les couleurs à la tonalité neutre.

Les attributs symboliques du blanc sont la pureté, l'innocence, la virginité, l'élévation, la lumière et l'initiation.

On l'utilise pour développer les facultés mentales ou parapsychologiques.

• Le noir

C'est l'absence de couleur, la vibration tellurique par excellence.

Les attributs symboliques du noir sont : la Terre-mère, le germe, la gestation.

Sur la base où repose la pyramide, la chambre souterraine sera toujours figurée en noir pour lui donner toute sa valeur symbolique.

Récapitulation de l'influence des couleurs

	Rouge	Jaune	Bleu	Vert	Rose	Orange	Violet	Blanc
Santé	*		*					
Travail	*			*		*		
Matériel	*			*		*		
Affectivité	*				*			
Psychisme	*	*	*			*		*
Spiritualité	*					*	*	

La couleur est une onde porteuse d'énergie dont la vibration trouve sa résonance dans l'être humain. Une erreur dans le choix de la couleur ou une approximation se répercutera sur les résultats escomptés.

L'UTILISATION DE LA PYRAMIDE

Précautions et protections

Toutes les forces naturelles ont leurs aspects bénéfiques et maléfiques. Nous devons la vie au Soleil, l'astre qui nous éclaire et nous réchauffe, mais il peut aussi nous brûler gravement ou nous faire mourir de soif. L'eau nourrit tout ce qui croît et se reproduit, mais elle peut aussi transporter la maladie ou provoquer la mort par noyade. C'est la même chose pour le vent ou le feu, comme si chaque élément nécessaire à la vie sur terre avait sa contrepartie sombre.

Le travail avec la pyramide ressort des mêmes principes et peut engendrer aussi bien l'effet positif que l'effet négatif. En effet, la forme pyramidale concentre un bon nombre d'énergies comparables à celles engendrées par les forces naturelles. L'effet ainsi produit est soumis lui aussi à la loi du bon emploi, ainsi que ses utilisateurs. Cette “ loi ” repose sur deux paramètres importants : l'usage qu'on espère de l'énergie pyramidale et les conditions dans lesquelles cette énergie sera utilisée.

L'usage de l'énergie pyramidale

L'intention avec laquelle on utilise la pyramide est importante. La sorcellerie et la magie, par exemple, sont autant une affaire d'intention que d'action, et un rituel de magie noire a moins d'effet s'il n'est pas accompagné par un profond sentiment de haine et un puissant désir de nuire.

L'énergie pyramidale, elle aussi, peut véhiculer la haine et la violence autant que l'amour et la sagesse.

Les conditions d'application

La forme pyramidale possède un puissant pouvoir de rayonnement énergétique qui se déploie dans le sens vertical et dans le sens horizontal. C'est pourquoi il est vivement conseillé de poser votre pyramide sur une base de carton blanc qui sera le meilleur isolant dans la direction verticale. De la même façon, vous limiterez efficacement la dispersion énergétique horizontale en traçant un cadre noir autour d'elle.

Mais l'utilisation de la pyramide obéit aussi à des critères moins tangibles et tout aussi importants.

L'attitude mentale

Avant de décider comment formuler les demandes d'aide qui satisferont vos souhaits, projets ou objectifs, il faut vous composer une attitude mentale adéquate : “ C'est l'intention qui compte ”. Le fait de bien comprendre ses propres intentions est un facteur déterminant pour obtenir la satisfaction de sa demande.

L'attitude mentale définit un comportement face à des motivations : il ne faut pas avoir honte d'un désir, sinon il n'aboutira pas ; il faut s'en tenir à son objectif et y adhérer, car si on le méprise ou si on le néglige, on devient réfractaire à sa réalisation ; il ne faut pas exprimer une demande immorale ou injuste qui serait condamnée avant même d'exister.

L'attitude mentale de celui qui entreprend un travail avec

l'énergie pyramidale doit donc être ferme et déterminée, sa conviction inébranlable et sa démarche parfaitement justifiée. Il ne doit subsister aucun doute dans son esprit lorsqu'il l'exprime et l'écrit. Si tel n'était pas le cas, l'entreprise serait sérieusement compromise.

L'attitude mentale est primordiale dans ce genre d'opération où il faut absolument être en accord avec soi-même, avant même de mettre en branle les forces cosmo-telluriques concentrées dans la forme pyramidale. Et, surtout, avant de les employer. Cela fait partie des précautions indispensables pour se protéger soi-même des perturbations qui surviennent immanquablement en cas de conflit intérieur.

L'orientation mentale

L'orientation mentale définit dans quel sens va se diriger la demande. Elle s'élabore avant de formuler la demande de la façon suivante :

1 • Définir le stade où en est la situation :

Début
Développement
Apogée
Déclin
Fin

2 • Définir le degré à atteindre :

Réussite
Maintient
Protection
Combat
Fuite

3 • Définir la ou les personnes concernées :

Soi-même
Un membre de sa famille
Un ou une amie
Un étranger
Un groupe

Grâce à ces paramètres, vous pourrez mieux cerner la question et, donc, la formuler avec le maximum de précisions et le moins de mots possibles.

La formulation des demandes

Parvenu à ce stade, il vous reste à définir le contenu de votre demande, en vous référant aux chapitres suivants où chaque type en est développé :

• *Le domaine dans lequel s'exerce la demande* : santé, matériel, professionnel, affectif, psychique ou spirituel.

• *La couleur de la pyramide* : rouge, bleu, jaune, vert, orange, rose, violet ou blanc.

• *Le point focal* : solaire (chambre du roi) ou lunaire (chambre de la reine).

• *La nature de votre motivation* en accord avec vos sentiments.

• *Le stade, la catégorie et la ou les personnes concernées.*

• *Le ou les éléments complémentaires associés à votre demande* : pendule égyptien, tarot, nombres magiques, planètes, symboles géomantiques, runes, hexagrammes du Yi-King, dessins actifs.

La rédaction de l'intention

Il reste encore à trouver les mots les plus simples et les plus clairs pour écrire votre pensée sur le papier à positionner sur le support solaire ou lunaire, à l'intérieur de la pyramide. **Notez bien que c'est la solution et non le problème qu'il faut écrire.**

Tracez un trait vertical séparant la feuille en deux parties. D'un côté, écrivez le mot “ problèmes ” et de l'autre le mot “ solutions ”. Dans la colonne des problèmes, énumérez vos préoccupations et dans la colonne des solutions vos souhaits ou vos désirs. Suivez les recommandations suivantes :

• *Formulation pour la santé*

Ne demandez pas l'impossible et n'exigez pas un résultat trop rapide. Essayez plutôt de suivre et d'accompagner l'évolution favorable de votre santé ou celle de la personne pour laquelle vous agissez. S'il y a un traitement, orientez votre action sur son efficacité et modifiez-la en fonction des progrès réalisés.

Inscrivez dans la colonne “ problèmes ” le mal ou l'affection connus et, dans la colonne “ solutions ”, le désir d'être soulagé. Par exemple :

Problèmes	**Solutions**
Arthrite	Soulagement
Foie	Traitement efficace
Opération	Réussite

Et ainsi de suite pour tous les problèmes connus, qu'ils vous soient personnels ou concernent quelqu'un qui est d'accord pour que vous interveniez : quelle que soit votre demande, il faut impérativement avoir le consentement de la personne concernée car rien de vraiment efficace ne peut se faire contre sa volonté et sans son adhésion.

• *Formulation pour le domaine matériel*

C'est un domaine très vaste et qui concerne tout le monde. La formulation doit en être d'autant plus précise. On adoptera le même système de tableau pour préparer une demande efficace.

Par exemple :

Problèmes	**Solutions**
Procès de ma faute	Jugement favorable et conséquences minimes
Procès justifié mais adversaire de mauvaise foi	Jugement favorable et indemnisation maximale
Placements, spéculations	Placements judicieux et bénéfices maximum

Vous pouvez énumérer ainsi tous vos problèmes et leur trouver la solution idéale, tout en veillant à exprimer vos intentions avec réalisme.

• *Formulation pour le domaine professionnel*

Veillez surtout à demander des choses en rapport avec vos capacités et vos possibilités. Le but est de mettre toutes les chances de réussite de votre côté.

Par exemple :

Problèmes	**Solutions**
Période d'essai	Essai satisfaisant
Nouvel emploi	Embauche définitive
Salaire insuffisant par rapport aux responsabilités et au travail fourni	Capacités et travail reconnus, salaire et poste en conséquence
Chômeur de longue durée	Embauche sans préjugé

Vous pourrez, de la même manière, analyser et traiter tous les cas envisageables avec le maximum de précision.

• *Formulation pour le domaine affectif*

Dans ce cas, chercher à accomplir des désirs égoïstes ou des fantasmes serait inconvenant et décevant. Pour être comblé dans le domaine affectif, il faut penser au bonheur de son partenaire et aller au devant de ses désirs. Humilier ou asservir quelqu'un équivaudrait à se rendre esclave de ses propres pulsions les plus avilissantes.

Par exemple :

Problèmes	Solutions
Séduire une personne indifférente	Il(elle) me désire et a envie de me séduire
Couple proche du divorce	Nous renouons le dialogue et sommes faits l'un pour l'autre
Mésentente entre parents et enfants	Nous renouons le dialogue et avons besoin les uns des autres

En définitive, il est plus efficace de satisfaire les désirs de l'autre, plutôt que de l'obliger à satisfaire les siens.

• *Formulation pour le domaine psychique*

Dans ce domaine, les formulations sont simples et concernent directement le demandeur. Il ne faut pas, cependant, céder à la tentation d'aller trop vite et de brûler les étapes, au risque de se " griller " soi-même. Par exemple :

Problème	Solution
Je ne progresse plus	Favoriser dispositions mentales pour progresser

Vous pouvez décrire ces dispositions si vous les connaissez ou rester dans le vague si vous n'en avez pas encore conscience.

• *Formulation pour le domaine spirituel*

Comme pour le domaine psychique, il s'agit surtout de faire un travail d'introspection et d'en formuler le résultat de façon à franchir l'obstacle souvent dressé par soi-même sur sa route. Par exemple :

Problème	**Solution**
Apparition de doutes sérieux quant au bien fondé de ma démarche	Je suis éclairé par mes expériences

Toute autre formulation répondant plus clairement et plus précisément à votre problème sera, évidemment, plus appropriée. Il n'est pas possible de se contenter d'une formule passe-partout pour ce domaine particulièrement intime et délicat.

Les Résultats

Le succès

Il n'est pas concevable de parler de l'énergie pyramidale et de son usage sans faire mention des résultats qu'on peut en obtenir. L'énergie pyramidale est une réalité au point même d'intéresser des laboratoires scientifiques, son action sur la viande et le fil des lames de rasoir est là pour le confirmer. Mais ses effets et son intervention dans la vie quotidienne laissent perplexe et soulèvent de nombreuses questions.

Bien sûr, seule l'expérience vous apportera cette confirmation, même si vous ne pouvez vous empêcher de vous demander si le résultat n'aurait pas pu être obtenu sans l'intervention de l'énergie pyramidale ?! Aujourd'hui, nul ne peut répondre avec certitude à cette question, mais la coïncidence est troublante quand on constate que c'est justement lorsqu'on a mis en œuvre l'énergie pyramidale qu'une situation se débloque.

Alors, puisque ça marche, pourquoi la refuser ?

L'échec

Il est nécessaire, après avoir parlé de réussite, d'évoquer le risque d'échec. En effet, le succès ou l'échec sont fonction de nos possibilités, de nos capacités et de notre destin. Il serait donc illusoire d'espérer un résultat positif dans 100% des cas.

Parfois, nos demandes sont déplacées ou disproportionnées par rapport à ce qu'on peut espérer de la vie, ou bien elles ne sont pas conformes à nos intérêts... Bien des échecs se sont révélés être en accord avec les intérêts du demandeur, mais il faut souvent du temps avant de s'en apercevoir.

Ne vous hâtez donc pas de conclure négativement en cas d'échec, mais prenez plutôt cela comme un avertissement et essayez de vous remettre en question en envisageant d'autres possibilités ou d'autres solutions. Peut-être aussi faut-il apprendre à accepter l'inévitable, aussi douloureux soit-il.

LES DOMAINES D'UTILISATION DE L'ÉNERGIE PYRAMIDALE

Tous les aspects de la vie contemporaine peuvent être optimisés grâce à l'énergie pyramidale, tant il est vrai que les préoccupations de l'homme des premiers âges de la civilisation étaient les mêmes que celles de l'homme moderne. En effet, c'est en étudiant les clefs des songes de la Mésopotamie, de l'Égypte et de la Grèce antique qu'on s'est aperçu que nos lointains ancêtres rêvaient aux mêmes choses que nous — amour, argent, ascension sociale...

La santé

Comme l'a démontré l'expérience de la momification de la viande, l'énergie pyramidale a une influence sur les matières organiques. Il ne faut donc pas hésiter à l'utiliser dans les domaines tangibles de l'activité du corps : amélioration, voire résolution, des problèmes de vitalité et de santé.

Une mise en garde est nécessaire dans ce domaine : l'énergie pyramidale est certes un complément naturel non polluant et qui ne nécessite pas l'absorption de substances chimiques, mais elle accompagne les traitements médicaux sans se substituer à eux. Elle leur apporte son concours pour les optimiser. Dans le cas où l'on ne suit aucun traitement particulier, l'énergie pyramidale concourt à maintenir la bonne santé en stimulant la vitalité.

Pour ce qui concerne la santé, l'usage de la pyramide doit être réfléchi et personnalisé.

Méthode pratique d'application

• ***Problèmes nerveux ou stress :***

Pyramide bleue

Point focal lunaire

Orientation à l'ouest

• ***Problèmes, troubles divers ou déficience :***

Pyramide rouge

Point focal solaire

Orientation au sud

• ***Prévention, convalescence, guérison et régime :***

Pyramide bleue

Point focal lunaire

Orientation à l'ouest

• ***Problèmes de circulation sanguine***

Pyramide rouge

Point focal solaire

Orientation à l'ouest

• ***Problèmes musculaires :***

Pyramide verte

Point focal solaire

Orientation au sud

• ***Problèmes respiratoires :***

Pyramide bleue

Point focal solaire

Orientation à l'ouest

• ***Problèmes digestifs :***

Pyramide verte

Point focal lunaire

Orientation au nord

• ***Problèmes de vue :***

Pyramide bleue

Point focal solaire

Orientation au sud

• ***Maternité :***

Pyramide bleue

Point focal lunaire

Orientation à l'est (à partir de la conception), ou orientation au nord (au moment de l'accouchement)

• ***Douleurs aiguës :***

Pyramide bleue

Point focal lunaire

Orientation au nord

• ***Grande fatigue :***

Pyramide rouge

Point focal solaire

Orientation au sud

• ***Thérapeutes :***

Pyramide bleue

Point focal lunaire

Orientation au sud

Les domaines du matériel

La société contemporaine est organisée autour d'un système d'échange : les marchandises et les services reçoivent leur contrepartie en argent ou en valeur correspondante. Il est impossible, aujourd'hui en Occident, de vivre sans argent et en parfaite autarcie… Il se trouvera toujours quelque administration pour réclamer taxes et impôts sur le simple droit de vivre et d'exister, ou quelque fichier pour vous inclure dans une catégorie !

Toutes les civilisations évoluées du passé étaient déjà tributaires de l'argent et de la production. La charge des taxes et des impôts était d'ailleurs très lourde à supporter pour la majorité de la population.

Aujourd'hui plus encore, le domaine matériel occupe une place primordiale dans notre vie car l'économie est tributaire de la productivité. Et cela concerne tous les secteurs d'activité — les placements, les ventes, les acquisitions, toutes les transactions, l'épargne, les revenus des professions libérales et des entreprises artisanales, commerciales et industrielles… —, et tous les acteurs de la vie économique — les commerçants, les artisans, les agriculteurs, les artistes, les indépendants et les salariés du secteur public ou privé, quel que soit leur système de rémunération.

Enfin, cela touche aussi des domaines plus triviaux, ceux des jeux de hasard et de la chance qui favorise le profit et les gains.

Dans chacun de ces secteurs, l'influence pyramidale pourra jouer le rôle d'un catalyseur. Elle soutiendra, renforcera, lancera ou relancera une activité, elle facilitera le profit, permettra de surmonter une difficulté d'argent ou, plus simplement, de maintenir un niveau satisfaisant de productivité.

Bien qu'on en dépende très étroitement, on a tendance à attacher à l'argent une connotation dévalorisante : il salit tout, on est prêt à tout pour en avoir, il rend l'homme mauvais… Pourtant, objectivement parlant, il ne représente qu'un moyen d'échange. Les motivations de ceux qui l'utilisent peuvent être jugées, mais pas l'argent lui-même qui n'est qu'un instrument inventé par les sociétés humaines pour remplacer le troc.

L'esprit de compétition et le goût du pouvoir sont ancrés en nous, mais aussi l'altruisme et la générosité. Ainsi donc, avant d'aborder une action pyramidale liée au domaine de l'argent, il est bon de faire une analyse de sa situation et de ses motivations : si l'on veut récolter de bons fruits, il faut semer de bonnes graines…

Méthode pratique d'application

• ***Finances et spéculation :***

Pyramide verte.

Point focal lunaire (indiquer le nom, le prénom, la date et le lieu de naissance. Le type de spéculation et l'objectif à atteindre.)

Orientation au sud.

• ***Capitaux et placements à long terme :***

Pyramide orange

Point focal solaire (indiquer le nom du possesseur des capitaux, leur montant et l'objectif fixé).

Orientation au sud

• Revenus obtenus par le travail :

Pyramide verte

Point focal lunaire (indiquer le type d'activité, le montant des revenus souhaités. Le nom, le prénom, la date et le lieu de naissance du bénéficiaire).

Orientation à l'ouest.

• Difficultés financières :

Pyramide rouge

Point focal lunaire. (indiquer le genre de problème rencontré et la solution espérée, les nom et prénom, date et lieu de naissance de la personne concernée).

Orientation au nord

• Acquisitions : trouver la bonne affaire et concrétiser un achat (maison, appareillage, voiture...)

Pyramide rouge.

Point focal solaire (indiquer nom, prénom, date et lieu de naissance de l'acheteur et faire une description courte de l'objet des recherches).

Orientation à l'est.

• ***Trouver les crédits, les partenaires ou les associés nécessaires à un achat.***

Pyramide rouge.

Point focal solaire (indiquer les nom et prénom, date et lieu de naissance de l'acheteur, le montant du crédit, l'organisme prêteur ou les partenaires souhaités).

Orientation à l'ouest.

• ***Conclure un achat dans les conditions les meilleures :***

Pyramide Rouge.

Point focal solaire (indiquer les nom et prénom, date et lieu de naissance de l'ache-

teur, le nom du vendeur ou de l'organisme qui le représente et les conditions souhaitées).

Orientation au nord.

• ***Ventes : toutes les ventes de biens (pour l'activité d'un commerce, se référer au paragraphe traitant de la relance de l'activité d'une entreprise).***

Pyramide rouge.

Point focal solaire (indiquer les nom et prénom, date et lieu de naissance du vendeur, la description sommaire de l'objet de la vente, le montant souhaité, les conditions et, éventuellement, le nom de l'acheteur).

Orientation au nord.

• ***Procès :***

Pyramide Rouge.

Point focal solaire (indiquer la nature du

litige et, éventuellement, de l'accusation et le jugement espéré, en tenant compte de la réalité des faits et de leurs conséquences possibles).

Orientation à l'ouest.

• ***Chance et jeux :***

La chance n'est pas attribuée en proportions égales pour tous. L'énergie pyramidale va donc intervenir sur la base du potentiel de chacun. C'est une optimisation et un complément actif, en tout cas pas une baguette magique qui réaliserait tous les vœux comme dans les contes d'enfants ! Réaliste et prudent, vous ne risquerez pas d'être déçu par un échec et votre réussite en sera d'autant plus agréable.

Pyramide orange

Point focal solaire (indiquer les nom et prénom, date et lieu de naissance du bénéficiaire pour le jeu, le jour et le numéro ou le nom de la course de chevaux et le terrain. Pour le loto, le jour et le tirage...)

Orientation à l'ouest.

Les domaines professionnels

Les domaines professionnels se déclinent sur deux axes très différents et parfois opposés : l'emploi alimentaire et l'activité professionnelle.

L'emploi alimentaire est la réponse à la nécessité fondamentale de travailler, surtout à une époque où le chômage s'étend et se généralise, véritable fléau moderne. Lorsqu'on accepte ce genre d'emploi, il s'agit bien plus de satisfaire à une urgence que de tenir compte des aspirations personnelles. C'est une question de survie pour le salarié et sa famille.

L'activité professionnelle réalise plutôt un idéal, une vocation ou une ambition. La réussite ne s'y mesure pas seulement à l'aune de l'argent mais aussi à la qualité de la tâche exécutée, à la nature du poste occupé, au niveau hiérarchique atteint, à la considération accordée par les supérieurs et au respect imposé aux collègues. Vivre son activité professionnelle, cela dépasse de loin le simple fait de gagner de l'argent, même si c'est un but essentiel à atteindre.

L'énergie pyramidale et le point focal employés dépendent au premier chef de la situation. Si le demandeur est sans emploi, il devra consacrer l'énergie pyramidale à la recherche d'un travail alimentaire, quel qu'il soit, sachant qu'il s'en contentera. S'il est salarié, il l'utilisera à l'obtention d'une augmentation, d'un avancement ou une promotion.

La recherche d'une activité professionnelle engendre d'autres impératifs. Il s'agit de satisfaire les ambitions professionnelles en tenant compte du marché de l'emploi. Le demandeur postule et présente sa candidature en espérant que plusieurs possibilités lui seront offertes entre lesquelles il pourra choisir. La pyramide sera donc employée dans une toute autre optique.

S'il possède déjà un emploi, ses objectifs seront l'avancement et la promotion. Sa démarche consistera en l'élaboration d'une stratégie en plusieurs étapes qui s'ajustera aux développements et à l'évolution de la situation. Là encore, il apparaît qu'une bonne analyse préalable s'avère indispensable pour mettre au point un plan d'action.

• ***Création d'entreprise :***

Pyramide rouge.

Point focal solaire (indiquer le nom de l'entreprise, sa date de création, son adresse, son objectif financier présumé et raisonnable, en évitant toute extravagance).

Orientation à l'est.

• ***Relance ou maintient de l'entreprise :***

Pyramide verte

Point focal solaire (indiquer les nom et adresse de l'entreprise, l'objectif de nouvelle expansion à atteindre).

Orientation au sud.

• ***Vente ou achat d'entreprise :***

Pyramide orange.

Point focal lunaire (indiquer les nom et adresse de l'entreprise, l'objectif de vente ou d'achat et le délai moyen de sa réalisation).

Orientation au nord.

Ces indications concernent toutes les entreprises comprenant plus ou moins de dix employés. Elles sont également valable pour un commerce, un artisanat ou une profession libérale.

• ***Embauche :***

Pyramide rouge.

Point focal solaire (indiquer les nom et prénom, date et lieu de naissance, ainsi que l'adresse complète de l'intéressé. Donner l'objectif, le poste et le salaire souhaités, tout en restant raisonnable).

Orientation à l'est.

• ***Augmentation ou promotion :***

Pyramide orange.

Point focal solaire (indiquer les nom et prénom, date et lieu de naissance, et adresse complète de l'intéressé. Chiffrer l'augmentation ou la promotion souhaitées).

Orientation à l'ouest

• ***Départ volontaire, licenciement désiré :***

Pyramide verte.

Point focal lunaire (indiquer les nom, prénom, date et lieu de naissance, l'adresse complète de l'intéressé, les conditions et période de départ souhaitées).

Orientation au nord.

• ***Lutte contre le licenciement, préservation de l'emploi :***

Pyramide rouge.

Point focal lunaire (indiquer le nom, le prénom, la date et le lieu de naissance, l'adresse complète de l'intéressé, ainsi que le nom de l'entreprise et l'emploi à préserver).

Orientation à l'ouest.

• ***Changement de poste :***

Pyramide blanche

Point focal lunaire (indiquer le nom, le prénom, la date et le lieu de naissance de la personne concernée, l'orientation choisie et le résultat souhaité).

Orientation à l'est.

• ***Formation :***

Pyramide jaune

Point focal lunaire (indiquer le nom, le prénom, la date et le lieu de naissance de la personne concernée, la formation choisie, l'établissement ou l'en-

treprise formateurs, la date d'entrée et le résultat souhaité).

Orientation au sud.

• Obtention d'un diplôme :

Cela concerne tous les examens et concours où vous devrez vous présenter. Bien sûr, l'énergie pyramidale accompagne le succès, mais ne dispense pas de l'effort.

Pyramide rouge.

Point focal solaire (indiquer le nom, le prénom, la date et le lieu de naissance de la personne concernée, le titre de l'épreuve, de l'examen ou du concours, la date et le résultat souhaité).

Orientation à l'ouest.

• Conception du projet professionnel :

Pyramide jaune.

Point focal solaire (indiquer le nom, le prénom, la date et le lieu de naissance de la personne concernée, nommer le projet et le but à atteindre).

Orientation à l'est.

• ***Aboutissement du projet professionnel :***

Pyramide rouge.

Point focal solaire (indiquer le nom, le prénom, la date et le lieu de naissance de la personne concernée, la conclusion souhaitée, la date ou la période).

Orientation au nord.

• ***Compétition professionnelle :***

Pyramide rouge.

Point focal solaire (indiquer le nom, le prénom, la date et le lieu de naissance de la personne concernée, la nature de la compétition ou de la performance et sa conclusion souhaitée).

Orientation au nord.

• Réussite professionnelle : cette action demandera un effort à plus long terme avec, en plus, de la diplomatie et un grand sens de la communication.

Pyramide orange.

Point focal solaire (indiquer le nom, le prénom, la date et le lieu de naissance de la personne concernée, le domaine et l'objectif à atteindre).

Orientation à l'ouest.

Les domaines affectifs

Dans le domaine affectif, il convient de distinguer trois secteurs : la famille, l'amitié et le sentiment.

Ces domaines ne se vivent pas séparément, il peut donc arriver qu'ils se heurtent ! En tous cas, chaque fois que vous souhaiterez faire agir la pyramide pour l'un d'entre eux, il faudra l'isoler des autres.

• **Le domaine familial** est important au tout premier chef parce que c'est lui qui signe l'entrée dans la vie. Les marques de ce passage ne sont pas toujours visibles à l'œil nu, mais elles sont indélébiles et nous suivent tout au long de notre existence. Les relations avec le milieu familial sont souvent à l'origine des problèmes ou des difficultés rencontrés dans les relations amicales et sentimentales.

L'énergie pyramidale favorisera l'harmonie entre les membres d'une même famille ou, à défaut, protégera de l'influence néfaste de certains d'entre eux.

• **Les relations amicales** ont aussi leur importance. Elles peuvent apporter une aide utile à un moment opportun. On se retrouve entre amis pour partager les bons moments mais aussi quand on a besoin de réconfort…

La pyramide est utile quant il s'agit d'aider les timides à s'ouvrir aux autres pour échapper à la solitude déprimante. Elle soutiendra leurs efforts tout en les préservant des gens mal intentionnés ou intéressés.

• **Les relations sentimentales** sont un sujet sensible et délicat, chargé de tous les espoirs et, dans certains cas, de tous les fantasmes de l'être humain. Une vie sentimentale peu satisfaisante peut bloquer totalement son évolution.

Pour ce qui concerne le sentiment et l'amour, la pyramide peut favoriser une rencontre, empêcher une relation de mourir ou faire renaître le sentiment amoureux chez l'être aimé avant qu'il ne soit trop tard. Mais, encore une fois, il faut analyser ses motivations : est-ce par amour sincère qu'on souhaite le retour de l'autre ? Est-ce pour le rendre heureux et faire son bonheur qu'on entreprend une action pyramidale ? Ou bien est-ce le pur intérêt qui motive ? C'est à l'intéressé qu'il appartient de répondre dans le secret de son cœur.

Domaine du cœur, de la tendresse et des passions, l'amour concerne à la fois les relations familiales, amicales, sentimentales et sexuelles.

• ***Rester célibataire :***

Pyramide Blanche.

Point focal lunaire (indiquer le nom, le prénom, la date et le lieu de naissance de la personne concernée).

Orientation au nord.

• ***Se marier :***

Pyramide rouge.

Point focal solaire (indiquer le nom, le prénom, la date et le lieu de naissance des deux personnes dont l'union est envisagée)

Orientation à l'est.

• ***Maintenir ou améliorer l'ambiance familiale :***

Pyramide rose.

Point focal lunaire (indiquer le nom de la ou des familles concernées, et le résultat souhaité).

Orientation au sud.

• Favoriser les relations amicales :

Pyramide rose.

Point focal lunaire (indiquer le nom, le prénom, la date et le lieu de naissance de la personne concernée et les noms et prénoms du ou des amis en causes et le résultat désiré).

Orientation au sud.

• Favoriser le sentiment naissant :

Pyramide rose.

Point focal lunaire (indiquer nom, prénom, date et lieu de naissance de la personne concernée et, si possible, ceux du ou de la partenaire visé(e)).

Orientation à l'est.

• Stabiliser le sentiment :

Pyramide rose.

Point focal lunaire (indiquer les nom et prénom, date et lieu de naissance de la personne concernée, et, si possible, les mêmes renseignements pour le ou la partenaire et l'objectif visé).

Orientation au sud.

• ***Mettre fin au sentiment :***

Pyramide rouge.

Point focal lunaire (indiquer les nom et prénom, date et lieu de naissance de la personne concernée et de son partenaire, l'objectif de la séparation et les conditions de son déroulement).

Orientation au nord.

• ***Faire renaître le sentiment :***

Pyramide rouge.

Point focal solaire (indiquer les nom et prénom, date et lieu de naissance de la personne concernée et son partenaire. Formuler son désir sans ambiguïté).

Orientation à l'ouest.

• ***Optimiser la sexualité :***

Pyramide rouge.

Point focal solaire (indiquer les nom, prénom, date et lieu de naissance de la personne concernée et son partenaire ou la photo de la personne avec qui une relation est envisagée. Exprimer clairement l'objectif).

Orientation à l'est.

Les domaines psychiques

Nous entrons là dans un domaine plus subtil aux facettes contrastées. On peut comparer le psychisme à un cristal taillé qui rayonne depuis les profondeurs de l'inconscient et éclaire le conscient. C'est le domaine de l'invisible qui engendre des effets concrets et palpables sur le visible : l'équilibre physique et mental.

Les effets complexes de la somatisation sont directement liés au psychisme. Il est avéré maintenant qu'un problème non traité par l'inconscient peut se traduire par une maladie bien réelle. En général, aucune cause physique n'étant découverte, on conclut hâtivement que : « Ça se passe dans la tête »…

C'est de la même façon que certains athlètes parviennent à réaliser des performances dépassant leurs seules possibilités physiques grâce à un psychisme bien entraîné. On sait que les grands champions veillent à se préparer psychiquement aussi bien que physiquement.

Dans les enseignements du Yoga, on décrit le psychisme comme une centrale dont la fonction principale est de faire circuler l'énergie comme un courant subtil traversant les sept centres énergétiques et assurant leur bon fonctionnement. Chacun des sept chakras est représenté comme une roue qui régularise et harmonise le passage de l'énergie en fonction des besoins des organes concernés. C'est le psychisme qui gère ce flux, et la moindre défaillance de sa part engendre des conséquences néfastes sur la mécanique physique.

Le travail pyramidal permettra de renforcer le mental qui jouera d'autant mieux son rôle de stimulateur des chakras affaiblis ou fonctionnant mal.

Le domaine psychique recouvre des activités diverses dont le point commun est d'être reliées au développement et à l'exercice des facultés mentales. Une fois votre psychisme bien maîtrisé, il sera possible de passer à la phase d'utilisation et de développement des facultés mentales : magnétisme, radiesthésie, arts divinatoires, ou voyance. Toutes les activités liées au psychisme pourront être développées.

Le domaine psychique s'applique aux quatre stades de la vie : l'enfance, l'adolescence, l'âge adulte et la vieillesse.

• Résoudre les problèmes de la psychologie infantile :

Pyramide bleue.

Point focal lunaire (indiquer nom, prénom, date et lieu de naissance de l'enfant concerné, la nature du problème et le comportement souhaité).

Orientation à l'est.

• Aider l'enfant à l'école :

Pyramide blanche.

Point focal lunaire (indiquer nom, prénom, date et lieu de naissance de l'enfant concerné, le nom de l'école, classe et année scolaire. Préciser l'aide dont il a besoin).

Orientation au sud.

• Résoudre les problèmes relationnels avec d'autres enfants :

Pyramide orange.

Point focal lunaire (indiquer nom, prénom, date et lieu de naissance de l'enfant concerné, le nom de l'école, la classe et le comportement souhaité).

Orientation au sud.

• Résoudre les problèmes de la psychologie adolescente :

Pyramide bleue.

Point focal lunaire (indiquer nom, prénom, date et lieu de naissance de la personne concernée, la nature de son problème et la solution souhaitée).

Orientation à l'est.

• Aider l'adolescent à l'école :

Pyramide blanche.

Point focal lunaire (indiquer le nom, le prénom, la date et le lieu de naissance de l'adolescent concerné, l'établissement, la classe, l'année et l'objectif à atteindre).

Orientation au sud.

• *Résoudre les difficultés relationnelles entre adolescents :*

Pyramide orange.

Point focal lunaire (indiquer le nom, le prénom, la date et le lieu de naissance de l'adolescent concerné, le type de difficulté et la solution idéale).

Orientation au sud.

Les domaines affectifs, sentimentaux et sexuels ont été traités précédemment. Reportez-vous à ces rubriques pour résoudre les problèmes de ce type qui se présentent couramment chez les adolescents.

• *Résoudre les problème psychiques des adultes :*

Les problèmes psychiques de l'adulte sont souvent liés à des insatisfactions professionnelles ou sentimentales. Vous trouverez des solutions dans les pages précédentes où ces domaines ont été traités.

• Régénérer les personnes âgées :

Pyramide bleue.

Point focal lunaire (indiquer le nom, le prénom, la date et le lieu de naissance de la personne âgée concernée, et décrire le comportement idéal).

Orientation à l'ouest.

Le domaine psychique concerne aussi les activités de développement artistique ou d'énergie mentale grâce à des exercices appropriés. Il s'agit par exemple de la concentration ou la méditation, en parallèle avec des exercices physiques comme le Yoga, le Taï Chi ou les arts martiaux.

• Favoriser la méditation ou la créativité artistique :

Pyramide bleue.

Point focal lunaire (indiquer nom, prénom, date et lieu de naissance de la personne concernée, préciser le type de méditation et le stade à atteindre).

Orientation à l'est.

• ***Faire du Yoga :***

Pyramide bleue.

Point focal lunaire (indiquer nom, prénom, date et lieu de naissance de la personne concernée, préciser le type de yoga et le stade à atteindre).

Orientation au sud.

• ***Faire du Taï Chi : ceci valable pour les techniques assimilées comme le Qi Gong et ses variantes.***

Pyramide blanche.

Point focal lunaire (indiquer nom, prénom, date et lieu de naissance de la personne concernée, décrire le stade à atteindre ou à dépasser).

Orientation au sud.

• Pratiquer les arts martiaux : sous ce terme on groupe des pratiques différentes qui ont un objectif commun : neutraliser l'agressivité des autres envers soi en se maîtrisant soi-même :

Pyramide rouge.

Point focal lunaire (indiquer le nom, le prénom, la date et le lieu de naissance de la personne concernée, préciser l'art pratiqué et le degré à atteindre).

Orientation au sud.

• Réussir les concours et les examens en arrivant à maîtriser l'intense pression physique et intellectuelle ressentie au moment des épreuves :

Pyramide jaune.

Point focal solaire (indiquer le nom, le

prénom, la date et le lieu de naissance de la personne concernée, la ou les dates de passage des épreuves et la finalité souhaitée).

Orientation à l'ouest.

Le troisième volet du domaine psychique touche directement à la parapsychologie et, plus particulièrement, la médiumnité, la voyance et l'occultisme.

Les médiums

La médiumnité englobe le spiritisme et la prédiction spontanée de l'avenir. Trois actions sont recommandées : maîtriser le don, se protéger de la destabilisation propre à l'hypersensibilité médiumnique et se prémunir de toute “ pollution psychique ” qui pourrait déboucher sur des états dépressifs ou l'instabilité.

• ***Maîtriser le don de médiumnité :***

Pyramide bleue.

Point focal lunaire (indiquer nom, prénom, date et lieu de naissance de la personne concernée, décrire la nature exacte du don et le développement souhaité).

Orientation à l'ouest.

• ***Se protéger de la destabilisation :***

Pyramide jaune.

Point focal lunaire (indiquer le nom, le prénom, la date et le lieu de naissance de la personne concernée, décrire la protection souhaitée en permanence).

Orientation à l'ouest.

• ***Se protéger de la pollution psychique :***

Pyramide blanche.

Point focal lunaire (indiquer le nom, le prénom, la date et le lieu de naissance de la personne concernée, décrire l'environnement protecteur souhaité).

Orientation au nord.

Les voyants

Les voyants se servent généralement d'un support pour exercer leur art comme les cartes, les tarots, les runes ou différentes géomancies. La pyramide peut les aider à mieux le maîtriser. Ce sont à la fois des intuitifs et des rationnels. Ils doivent toujours perfectionner leur art et développer leurs facultés paranaturelles.

• ***Maîtriser et développer les facultés parapsycholgiques :***

Pyramide blanche.

Point focal lunaire (indiquer les nom, prénom, date et lieu de naissance de la personne concernée, l'art partiqué et le développement recherché).

Orientation au sud.

Les occultistes

L'occultisme couvre les domaines de l'art du guérisseur à celui du mage. Il y a trois axes où la pyramide peut agir.

• ***Développer les connaissances et les pouvoirs :***

Pyramide blanche.

Point focal lunaire (indiquer le nom, le prénom, la date et le lieu de naissance de la personne concernée, le domaine et le développement souhaité).

Orientation au sud.

• ***Protéger pendant la réalisation d'une action occulte :***

Pyramide verte.

Point focal lunaire (indiquer le nom, le prénom, la date et le lieu de naissance de la personne concernée, décrire le type de protection et sa durée).

Orientation à l'ouest.

• ***Aider à l'aboutissement du travail occulte :***

Pyramide orange.

Point focal lunaire (indiquer les nom, prénom, date et lieu de naissance de la personne concernée. Décrire le but et sa limite dans le temps).

Orientation au nord.

• ***Effacer les traces réelles ou subjectives d'un envoûtement :***

Pyramide blanche.

Point focal lunaire (indiquer le nom, le prénom, la date et le lieu de naissance de la personne atteinte, et le résultat à obtenir).

Orientation au nord.

Les domaines spirituels

La notion de spiritualité n'a pas la même signification pour tout le monde. En tout cas, pour tous elle évoque l'idée de Dieu. Vous pouvez travailler la spiritualité quels que soient les problèmes rencontrés dans les autres domaines de votre vie. Peut-être même que cela pourra vous aider à les affronter et les surmonter.

• Si vous pratiquez une religion, l'énergie pyramidale vous permettra de mieux la comprendre et la vivre. Si vous cherchez votre voie, elle vous aidera à la trouver en tenant compte de vos affinités et de vos besoins.

• Si vous êtes déjà très avancé dans une recherche spirituelle, la pyramide éclairera votre route et facilitera votre évolution. Si vous n'êtes pas satisfait de la voie que vous suivez, son énergie donnera plus de clarté à votre jugement et d'acuité à votre vision spirituelle.

• Si votre démarche est essentiellement altruiste, elle vous procurera la force nécessaire et les opportunités de vous mettre au service des autres.

• Si vous souhaitez atteindre des états de conscience élevés sur le plan spirituel, elle vous soutiendra et vous protègera dans votre évolution. Pensez aux pharaons qui maîtrisaient les énergies subtiles du Ciel et de la Terre non seulement dans le but de maintenir les équilibres nécessaires à la vie ici et maintenant, mais aussi pour explorer et atteindre les plus hauts degrés de l'initiation afin de découvir les grands secrets cachés de l'Univers. Leur expérience est à jamais perdue, mais pas leur instrument privilégié, légué au monde moderne. À la fois accessible et secrète, la pyramide est une voie ouverte. Elle vous offre une expérience unique et personnelle.

La forme pyramidale est l'essence même de la représentation symbolique de la spiritualité : la base qui représente la matérialité qui s'affine, s'élève et disparaît à l'endroit précis de la pointe où les lignes se rejoignent et fusionnent avec le Ciel.

Le domaine de la spiritualité est très vaste, de la naissance à l'apogée en passant par tous les stades de son développement. L'influence pyramidale vous aidera à traverser chaque étapes et vous soutiendra dans vos efforts.

On ne tient aucun compte du type de spiritualité pratiqué car la démarche est la même dans tous les cas. Cependant, il est important que vous sachiez bien définir le niveau où vous vous trouvez et celui que vous voulez atteindre. S'il arrivait que votre expérience menée à l'aide de l'énergie pyramidale vous semble inefficace, il conviendrait de remettre en question le niveau défini par vous et, si possible, de revenir au précédent.

• ***Spiritualité naissante :***

Pyramide verte.

Point focal lunaire (indiquer le nom, le prénom, la date et le lieu de naissance de la personne concernée, définir la démarche et le type de spiritualité dans laquelle elle souhaite s'engager).

Orientation à l'est.

• ***Développer la spiritualité :***

Pyramide orange.

Point focal lunaire (indiquer le nom, le prénom, la date et le lieu de naissance de la personne concernée, définir le domaine à développer et le type de spiritualité concernée).

Orientation à l'est.

• ***Mener la spiritualité à son apogée :***

Pyramide jaune.

Point focal lunaire (indiquer le nom, le prénom, la date et le lieu de naissance de la personne concernée, nommer simplement le type de spiritualité dont il s'agit et l'aide souhaitée).

Orientation au sud.

• ***Mettre sa spiritualité au service de tous :***

Pyramide orange.

Point focal solaire (indiquer le nom, le prénom, la date et le lieu de naissance de la personne concernée, son type de spiritualité et à qui il doit profiter.)

Orientation au sud.

• ***Cueillir les fruits de la spiritualité :***

Pyramide orange.

Point focal lunaire (indiquer le nom, le prénom, la date et le lieu de naissance de la personne concernée, définir les résultats souhaités et le type de spiritualité où ils doivent se produire).

Orientation à l'ouest.

• ***Résoudre les conflits internes :***

Pyramide Verte.

Point focal lunaire (indiquer le nom, le prénom, la date et le lieu de naissance de la personne concernée, décrire l'aide nécessaire et le domaine de l'intervention).

Orientation à l'ouest.

• ***Mener la spiritualité à son point ultime :***

Pyramide violette.

Point focal lunaire (indiquer nom, prénom, dat et lieu de naissance de la personne concernée, nommer le type de spiritualité).

Orientation au nord.

• ***Faciliter le dernier passage :***

Pyramide violette.

Point focal lunaire (indiquer le nom, le prénom, la date et le lieu de naissance de la personne concernée, demander l'acceptation de la transcendance finale).

Orientation au nord.

Qui n'a pas été révolté et indigné par les images désolantes d'enfants, de femmes et d'hommes atteints dans leurs chair et dans leur dignité, mourant de la haine des autres hommes ou de l'adversité des éléments naturels ? Qui n'a pas songé, face à de tels spectacles, à ce qu'il pourrait faire pour soulager cette misère humaine envahissante ?

Toutes les souffrances sont importantes, aussi bien celles des pays du tiers monde ou des pays de l'Est, que celles de la France ou de notre voisin. Toutes méritent notre attention et notre solidarité.

On peut, bien sûr, participer à des mouvements médiatiques malgré leur finalité incertaine car les moyens individuels ne représentent pas un poids suffisant.

Mais on peut aussi essayer, en groupe, de mettre en œuvre une pyramide humanitaire, pour pouvoir aider ainsi de façon discrète et anonyme, avec tout l'amour dont on peut être capable, ceux qui souffrent près de chez nous ou dans le monde.

Ce sera à la fois un acte de haute spiritualité et aussi une manière de s'acquitter du tribu à payer en compensation des bienfaits obtenus grâce à la pyramide.

• ***Dynamiser l'action humanitaire :***

Pyramide rouge.

Le point focal solaire. (indiquer la ou les personnes concernées et le type d'aide ou d'intervention souhaité).

Orientation à l'Ouest.

LES ÉLÉMENTS COMPLÉMENTAIRES À LA PYRAMIDE

Le pendule égyptien

La tradition égyptienne, on le sait, était riche de symboles — les hiéroglyphes sont là pour en témoigner — qui intervenaient dans la vie de tous les jours. On prenait soin, par exemple, de garnir les tombes des rois et des pharaons d'une multitude d'objets usuels, de coffres, de chaises et de diverses amulettes et protections qui étaient censés les aider à affronter les obstacles ou les difficultés du voyage dans le monde subtil et mystérieux de l'au-delà. Tous ces objets n'étaient pas réunis par hasard, ils constituaient un arsenal mis au point par les grands prêtres de l'Égypte dont on pense que certains avaient été initiés par une civilisation plus ancienne encore — celle des Atlantes ?

La culture et les traditions égyptiennes ont disparu dans la nuit des temps. En particulier, toutes les connaissances concernant le domaine ésotérique sont perdues pour le monde moderne. Pourtant, certains éléments de cette culture nous sont parvenus en “ état de marche ”, notamment le fameux pendule égyptien, les arcanes majeurs du tarot dit de Marseille, appelé aussi le “ Livre de Toth ”, et d'autres encore. La pyramide de Khéops, qui agit par l'intermédiaire des forces cosmiques et telluriques, est un instrument universel auquel on peut adjoindre ces compléments issus des traditions ésotériques de tous les temps et de toutes les civilisations. Le choix d'un ou de plusieurs d'entre eux dépend essentiellement des affinités que vous éprouvez à leur égard. Nous les décrivons ici pour que vous puissiez décider en connaissance de cause.

Un pendule très ancien

Découvert en Égypte et appelé aussi pendule de Toth, il a une forme originale composée en trois parties distinctes.

• La partie supérieure est cylindrique avec un sommet arrondi. Elle est reliée à l'influence cosmique.

• La partie inférieure, la plus longue, est bombée comme un piment et comprend une pointe très affinée dirigée vers le bas. Elle est reliée à l'influence tellurique.

• La partie intermédiaire est composée de deux anneaux qui forment une sorte de raccord entre les deux autres. C'est là que les énergies cosmique et tellurique se rejoignent, se mélangent et se transforment.

Le pendule égyptien a un double usage. On s'en sert en premier lieu comme d'un pendule ordinaire pour la radiesthésie traditionnelle(1). En second lieu, c'est un instrument possédant de grands pouvoirs énergétiques. On l'utilise avec ou sans la pyramide.

Le pouvoir du pendule égyptien réside dans l'onde de forme — ou “ émission due à la forme ” — qu'il émet tout comme la pyramide qui, elle aussi, est un émetteur d'onde de forme. Pour comprendre et ressentir ce concept, il suffit d'observer les formes qui nous environnent, celles de la nature, celles des êtres vivants ou des objets, et de s'interroger sur les sensations ressenties en leur présence. Toutes les formes agissent ainsi sur le psychisme, consciemment ou inconsciemment, même lorsqu'on ne les “ voit ” qu'en pensée ou en imagination.

(1) *ABC de la Radiesthésie*, Jacques Mandorla, même éditeur.

1 - Céramique

2 - Argile ou grès

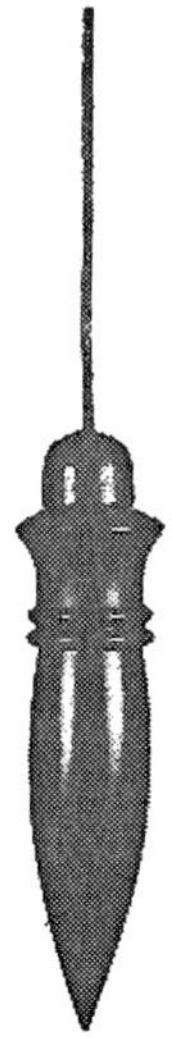

3 - Buis

4 - Laiton

Il est donc d'un grand intérêt d'utiliser la forme spécifique du pendule égyptien aux pouvoirs confirmés par de nombreux praticiens modernes.

Les différents modèles de pendules égyptiens

Il existe plusieurs modèles de pendules égyptiens entre lesquels il faut choisir celui qui vous convient le mieux.

• Le pendule de Toth en céramique

Fabriqué par les laboratoires des éditions Serwranx à Bruxelles, il est réputé totalement neutre et agit sur les capacités de concentration de l'opérateur.

• Le pendule en argile ou en grès

Reproduit d'après le modèle retrouvé en Égypte, il est sans doute très proche de l'original, celui dont les Égyptiens se servaient eux-mêmes. Ses seuls défauts sont sa fragilité et son prix élevé.

• Le pendule en buis

Très robuste et généralement lesté de plomb pour lui donner son poids idéal, il est modifiable suivant les utilisateurs et adaptable à la sensibilité de chacun.

• Le pendule en laiton

De petite taille, facile à transporter et très solide. C'est un mini pendule égyptien très intéressant. Mais c'est le moins performant de tous.

Le décagone

Si vous utilisez le pendule égyptien seul, vous aurez besoin d'un décagone. C'est une figure symétrique à dix côtés, tracée dans un cercle de 21 cm de diamètre sur une feuille blanche et à l'encre de Chine. Il est traditionnellement utilisé par la plupart des radiesthésistes qui s'en servent pour “ valoriser ” leurs témoins — double ou équivalent de l'objet de la recherche utilisé en radiesthésie. Le témoin peut être, par exemple, une description écrite, la plus courte et la plus claire possible, d'un objet perdu ou une personne absente.

Pour reproduire les vibrations d'une personne de façon à recréer sa présence énergétique à partir de laquelle il va être possible d'agir, il suffit d'indiquer sur un morceau de papier son nom et son prénom, ses date, heure et lieu de naissance.

La valorisation sans la pyramide

Pour l'exemple, voici comment on peut valoriser une personne absente grâce à son témoin.

• Matérialisez d'abord sa présence grâce à une réalité vibratoire et énergétique, comme une photo, qui deviendra le témoin, substitut valide de la personne en question. Cela revient à se mettre en contact — syntonisation — avec elle.

En principe, la valorisation se fait dans un endroit isolé et à l'abri de toute autre influence que celle du témoin, sur une période de trois jours. Mais lorsqu'on en a l'usage immédiat, on peut valoriser un témoin après une exposition de 10 min sur un décagone de 10,5 cm de diamètre et de 2 min sur un décagone de 21 cm.

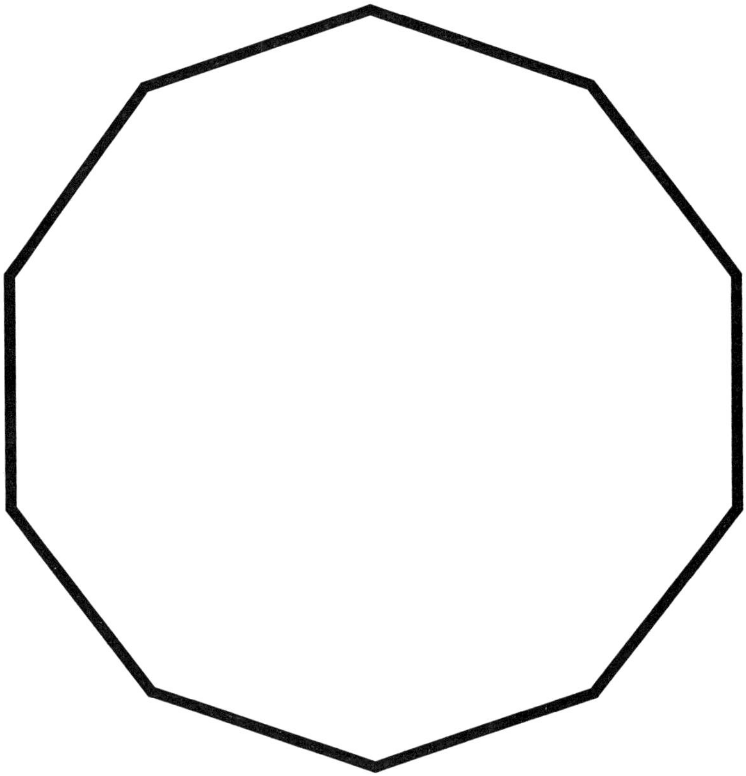

Fig. 12 : Le décagone

• Placez le témoin au centre du décagone sans lui donner d'orientation particulière.

• Donnez une légère impulsion d'avant en arrière pour démarrer le mouvement du pendule, puis ordonnez-lui mentalement de tourner au-dessus du témoin dans le sens inverse des aiguilles d'une montre. Cela sert à débarrasser le témoin de toute imprégnation étrangère due aux manipulations dont il a été l'objet avant de vous parvenir. Laissez aller le pendule sans le ralentir ou l'accélérer. Il s'arrêtera de lui-même dès l'instant où la désimprégnation sera achevée.

• Après cette opération, chargez le témoin : faites tourner le pendule égyptien au-dessus de lui dans le sens des aiguilles d'une montre.

• Formulez mentalement ou à haute voix votre intention, par trois fois, et en nommant la personne concernée.

• Si le pendule continue de tourner après la formulation, vous pouvez visualiser l'intention, l'imaginer comme si elle était déjà réalisée.

Là encore, vous devez laisser le pendule aller sans le ralentir ou l'accélérer.

La valorisation avec une pyramide

Le pendule égyptien va vous permettre d'amplifier l'énergie d'une pyramide que vous aurez préalablement choisie en fonction des éléments du chapitre 3, et de renforcer votre action par son intermédiaire.

• Placez-vous dans l'orientation de la pyramide qui correspond à la fonction et au domaine choisis.

• Donnez mentalement l'ordre à votre pendule de tourner au-dessus du sommet dans le sens des aiguilles d'une montre (sens horaire).

• Formulez mentalement ou à haute voix votre intention, par trois fois, et en nommant la personne concernée.

• Si le pendule continue de tourner au terme de cette formulation, visualisez la réalisation du but souhaité, imaginez la situation comme si elle était déjà réelle. N'essayez-pas d'accélérer ou de ralentir le pendule pendant l'opération, il s'arrêtera de lui-même au terme de la charge.

• Renouvelez cette charge quotidiennement pendant une période de 7, 14, 21 ou 28 jours.

• Après un repos de sept jours, reprenez l'action pour une période similaire et poursuivez jusqu'à la réalisation.

Tous les domaines peuvent être abordés grâce au pendule égyptien. Il n'y a pas de limite à son influence, c'est un accessoire précieux et un complément indispensable pour tout utilisateur de l'énergie pyramidale.

LE TAROT DE MARSEILLE

Le Tarot de Marseille est connu dans le monde entier et son origine mystérieuse remonte sans doute à la nuit des temps, mêlée à l'histoire légendaire de l'Orient. On peut dire que le tarot est un livre d'images contenant le savoir caché des anciens initiés — cabalistes, alchimistes ou hermétistes. Ceux qui l'ont utilisé depuis des siècles et jusqu'à aujourd'hui savent qu'il véhicule dans ses lames — c'est ainsi que ce nomment les arcanes majeurs du tarot numérotés de 1 à 22 — les secrets de la connaissance du destin.

Chacune des lames du tarot de Marseille est le réceptacle et l'émetteur d'une force et d'une influence précises et efficaces dans le domaine qui lui correspond(1).

Quinze lames majeures du tarot de Marseille

Cependant, parmi les vingt-deux lames majeures du tarot, certaines sont bénéfiques et d'autres d'une manipulation délicate voire franchement défavorable ou même dangereuse.

C'est pourquoi seules quinze lames figureront dans la liste des éléments complémentaires à la pyramide efficaces et sans danger :

(1) Pour plus d'informations, voyez les ouvrages de Colette Silvestre-Haéberlé, et notamment *Les Tarots*, même éditeur, l'un des plus précis et des plus complets sur le sujet.

I - **Le Bateleur** : le leader
II - **La Papesse** : la gestation
III - **L'Impératrice** : l'action
IIII - **L'Empereur** : la puissance
V - **Le Pape** : la protection
VII - **Le Chariot** : le combatif
VIII - **La Justice** : l'équilibre
VIIII - **L'Ermite** : le solitaire
X - **La Roue de Fortune** : le mouvement, la rapidité
XI - **La Force** : la maîtrise
XIII - **La Mort** : la transformation
XVII - **L'Étoile** : l'harmonie, la joie
XVIIII - **Le Soleil** : le rayonnement
XX - **Le Jugement** : la résurrection
XXI - **Le Monde** : la réalisation d'envergure

L'utilisation des quinze lames

Vous pouvez utiliser ces lames une par une ou vous pouvez associer certaines d'entre elles :

• la lame ou sa copie est épinglée au point d'intersection des diagonales traversant le point focal désigné,

• le haut de la lame est orienté dans la direction indiquée par le domaine et l'action correspondants,

• on peut aussi se contenter d'écrire le numéro de la lame en chiffres romains sur un papier qu'on pose sur le point focal lunaire ou solaire à l'intérieur de la pyramide.

Lame n° 1 : Le Bateleur

*Bien campé sur ses pieds,
le visage avenant et les
doigts habiles,
le Bateleur joue et jongle
avec les " éléments " afin
de capter notre
attention et nous inciter
à l'action.*

Dans ses aspects positifs, cette lame contient les forces nécessaires à un leader : l'habileté, la facilité de compréhension et d'assimilation, le sens de l'initiative, l'aptitude à convaincre, le charme et la séduction.

Dans ses aspects négatifs, elle peut rendre quelqu'un trop dirigiste, superficiel et instable.

Elle favorise l'obtention du soutien des personnes puissantes et on peut l'utiliser pour provoquer un changement dans sa vie ou dans celle des autres.

Santé : Le Bateleur aide à retrouver l'énergie perdue. Mais attention au trop-plein ou à un usage excessif !

Matériel : il stimule l'habilité nécessaire pour résoudre les problèmes financiers. Il aide à trouver les idées qui permettent de faire face aux dépenses, mais il n'apporte pas une réelle stabilité financière.

Professionnel : il protège tous les emplois liés à la communication. Il soutient les créateurs d'entreprises. Il favorise la recherche d'emploi, l'évolution dans l'entreprise. Il facilite l'administration publique ou privée. Pour faciliter un changement d'orientation professionnelle, il faut l'associer à la lame n° 20.

Affectif : il favorise surtout les nouvelles rencontres sur le plan amical ou sentimental. Il rend entreprenant, surtout si l'on souhaite une simple aventure sexuelle. Dans ce cas, il permet de bien s'adapter à son partenaire. Dans tous les cas il inspire un comportement jeune. Si vous voulez provoquer une rupture rapide, il faut l'associer à la lame n° 20.

Psychique : il accompagne les pratiquants débutant dans le Yoga, le Taï Chi et tous les arts martiaux.

Spiritualité : on l'utilise seulement pour la période de démarrage.

Lame n° 2 : La Papesse

Drapée dans un grand manteau, la Papesse discrète et concentrée médite sereinement et s'apprête à nous diriger sur la voie de la réflexion et de la sagesse.

Cette lame est essentiellement la représentation des forces intérieures ou intériorisées, sur le plan physique et sur le plan psychique. C'est l'accès au savoir et à la sagesse.

Elle développe le sens de l'analyse, la méticulosité, le sens du détail ou l'esprit scientifique. Elle ouvre les portes de l'occultisme et apporte la protection pour les femmes et les enfants. Elle est ausi un bon moyen de se préserver des rivalités.

Santé : La Papesse favorise la grossesse si elle est associée aux lames 18 et 17 pour avoir une fille, ou aux lames 18 et 19 pour avoir un garçon. Les personnes qui souffrent de maladies nerveuses ou psychosomatiques, emploieront la Papesse seule. Par extension, elle conviendra pour rééquilibrer l'alimentation ou soutenir pendant un régime.

Matériel : elle aide à réaliser des économies ou à gérer une situation financière délicate voire difficile. Associée à la lame 19, elle exerce une influence favorable sur les jeux de hasard.

Professionnel : elle aide à accéder aux professions scientifiques ou qui nécessitent un esprit d'analyse. Elle protège des rivalités.

Affectif : elle protège des passions mais elle ne peut les provoquer. Elle permet de préserver le calme et la sérénité dans le couple ou de garder une relation secrète. Elle favorise le mariage des filles.

Psychique : associée à la lame 15 (par ailleurs d'un usage très délicat), elle développe le magnétisme et les dons pour les arts divinatoires. Elle convient aussi pour optimiser vos facultés médiumniques.

Spirituel : quel que soit le stade où vous êtes, elle favorise toutes les démarches spirituelles. Cette lame très efficace aide à lever le voile sur le savoir et la connaissance cachés.

Lame n° 3 : L'Impératrice

Extravertie, le visage avenant, l'Impératrice, lucide et compréhensive, nous apprend à nous élever et surtout à mieux communiquer.

C'est une lame pour l'action efficace et intelligente. Elle apporte la compréhension et la tolérance nécessaires vis-à-vis des erreurs et des faiblesses des autres. Elle peut même rendre compatissant aux difficultés de ses opposants ou de ceux dont vous avez la responsabilité. Son dynamisme est communicatif et irrésistible.

Elle favorise les artistes, mais elle peut aider dans tout autre domaine de son choix. Elle offre le savoir-faire qui permet de s'adapter à tout et de tout entreprendre sans risque d'échec.

Santé : grâce à L'Impératrice, les lymphatiques trouvent le dynamisme dont ils ont besoin et les personnes épuisées recouvrent leur énergie. Son influence est liée au psychisme. Attention à ne pas l'utiliser chez les gens stressés ou dépressifs.

Matériel : elle n'offre pas la richesse mais l'assurance de ne jamais manquer de rien et de faire face à toutes les dépenses, même les plus futiles. Elle positionne l'intellect au service des finances.

Professionnel : elle aide les gens attirés par la communication, les arts, le spectacle, la création et les études. Elle favorise les propositions d'emploi intéressantes, l'obtention de bons résultats au travail et la promotion. Mais attention au risque d'éparpillement et d'excentricité !

Affectif : elle suscite les rencontres. Elle donne l'esprit d'à-propos dans la pratique délicate de la chasse au partenaire ! Elle développe la séduction naturelle et rend une personne plus entreprenante. Elle procure ou préserve l'harmonie du couple.

Psychique : elle soutient les enseignants de toutes disciplines. Elle rend les occultistes plus performants et développe leur esprit d'analyse. Elle renforce l'aura et le magnétisme. Elle facilite les contacts psychiques.

Spirituel : elle favorise l'élévation et l'ouverture, rend possible l'application des connaissances et la réalité des expériences. Elle aide ceux qui désirent atteindre un stade très avancé. L'invisible devient accessible.

Lame n° 4 : L'Empereur

Volontaire et puissant, l'Empereur impose ses volontés avec assurance et nous oblige à nous affirmer avec détermination et compétence.

Cette lame représente la puissance, l'autorité, la domination et la réalisation volontaire. Elle concrétise tous les projets. Elle est une protection totale contre tous les dangers. Elle développe l'esprit de logique et d'analyse.

Santé : L'Empereur donne l'énergie nécessaire pour affronter la vie active, son agitation et ses difficultés. Il aide aussi ceux qui ont perdu le goût de vivre. On le déconseille aux sujets de type sanguin, ayant des problèmes circulatoires ou cardio-vasculaires, de l'hypo ou de l'hypertension.

Matériel : il favorise la spéculation et la chance dans les affaires, protège des coups du sort et permet de prendre des risques calculés. Il aide à obtenir la richesse, proportionnellement à sa situation et sans jamais entrer en contradiction avec le destin. Il permet de sortir d'une période critique ou d'en trouver le moyen.

Professionnel : il influence les gestionnaires et responsables d'entreprises en réalisant leurs ambitions, relançant ou maintenant leurs affaires. Il ouvre l'accès au pouvoir et à la réalisation de projets ambitieux. Il favorise les promotions assorties de responsabilités nouvelles.

Affectif : il laisse peu de place à la fantaisie et sera donc utilisé pour la protection, la stabilité financière, la sécurité voire le mariage. Associé à la lame n° 17, il stabilise la vie de famille.

Psychisme : son influence s'exerce de façon concrète dans diverses activités reliées au développement psychique. Dans tous les cas il favorise la domination de soi et de ses instincts.

Spirituel : il permet le développement et la discipline dans une démarche spirituelle quelconque, sans aller très loin dans l'évolution.

Lame n° 5 : Le Pape

Pontife indulgent, le Pape, avec sagesse, accorde son pardon en donnant sa bénédiction et, avec bienveillance, nous met sur la voie de la générosité et de l'amour.

C'est la protection par excellence. Il inspire la confiance et développe la sagesse. Il guide spirituellement et donne le pouvoir de l'esprit. Il développe aussi l'amour altruiste, la compassion et la disponibilité. Il rend conciliant et tolérant.

Il apporte l'inspiration aux artistes et aux créateurs.

Santé : Le Pape optimise l'effet des soins médicaux et accompagne efficacement les traitements pour favoriser la guérison quand elle est possible. Les thérapeutes de toutes disciplines bénéficieront de son influence dans l'exercice de leur don ou de leur art.

Matériel : il n'exerce pas d'influence propice à l'enrichissement, mais n'est pas non plus opposé au matériel. Il favorise plutôt la prévoyance et l'épargne. Il protège lors des signatures de contrats ou d'engagements.

Professionnel : il aide les professions liées à l'enseignement, au conseil, à la loi et à la médecine.

Affectif : son influence va à l'amour désintéressé, au dévouement et à l'altruisme. Il pourra intervenir dans les relations amicales et familiales pour favoriser l'harmonie ou aider aux réconciliations. C'est la lame idéale si on cherche la tendresse.

Psychique : il initie aux arcanes de l'ésotérisme. Associé à la lame 15 (avec prudence), il favorise le magnétisme. Il aide à cultiver la maîtrise de soi dans une discipline de développement psychique. Il aide à trouver un équilibre psychologique.

Spirituel : il permet de suivre un enseignement spirituel tourné vers l'amour, la foi, la conviction, la sincérité et il aide à appliquer concrètement les principes de ces enseignements. Il apporte son influence bénéfique à tous les stades et à tous les moments de la vie spirituelle.

Lame n° 7 : Le Chariot

Jeune homme téméraire et fougueux, le conducteur du Chariot part à la conquête du monde et, avec assurance, nous entraîne dans sa passion et son désir de vaincre.

Cette lame est une aide efficace pour affronter l'adversité ou atteindre un objectif, une ambition. Elle donne enthousiasme, courage, maîtrise de soi-même, énergie et volonté. Elle aide à développer la capacité à commander et diriger.

Attention ! Elle comporte certains aspects négatifs de violence, d'agressivité, d'entêtement et d'impulsivité. Elle peut aussi favoriser une attitude trop rigide et un manque total de compréhension ou de tolérance.

Santé : Le Chariot agit activement pour résister aux maladies. Il permet de retrouver sa vitalité ou de soutenir un effort intellectuel intense et facilite le passage des examens ou les concours. Il aide aussi les sportifs lors des compétitions. Son usage est déconseillé aux personnes sujettes aux troubles sanguins, nerveuses ou instables.

Matériel : il favorise les finances ou donne la capacité de gérer. Il aide à surmonter les difficultés matérielles et protège les investissements.

Professionnel : il influence particulièrement les professions indépendantes, sportives, militaires ou politiques. Il donne l'autorité nécessaire et le sens de l'organisation aux responsables d'encadrement. Il aide ceux qui cherchent un emploi à rencontrer et à saisir les opportunités. Il provoque la reconnaissance des capacités professionnelles. Il favorise les emplois avec des déplacements fréquents et des voyages au loin.

Affectif : il donne l'impulsion au grand amour. Il provoque la sûreté de soi si on en manque et le courage de se lancer pour faire le premier pas. Attention ! Il peut aussi provoquer les coups de tête et l'irresponsabilité face aux maladies sexuellement transmissibles.

Psychique : il permet de développer les forces mentales et d'exercer une influence sur les autres.

Spirituel : son influence est limitée dans ce domaine. Il est trop concret pour agir au-delà du monde de la forme.

Lame n° 8 : La Justice

Rigide et froide, la Justice rend ses verdicts avec sévérité et nous contraint à prendre des décisions avec fermeté et à trancher avec assurance en toute légalité.

L'influence de la Justice s'exerce dans la recherche de l'équilibre et de l'harmonie. Elle permet de faire face au destin et à la fatalité. Elle agit en aidant à prendre une décision juste et à rendre un verdict ou une sentence équitables. Elle donne le sens de la mesure, de la prudence et de l'honneur.

Elle favorise la lucidité et la capacité à juger les situations et les gens à leur juste valeur.

Elle peut aider à éliminer l'instabilité ou aider à améliorer l'apparence.

Santé : La justice permet de retrouver un équilibre nerveux, d'éviter les problèmes de somatisation ou les conséquences d'une longue convalescence. Elle favorise la régulation du régime alimentaire et aide à éviter les excès dans un sens ou l'autre.

Matériel : elle apporte la rigueur dans la gestion des finances. Elle favorise les transactions honnêtes, le respect des engagements et des contrats.

Professionnel : elle agit pour les carrières administratives publiques ou privées, les activités liées au judiciaire et au droit. Elle favorise les créateurs de produits de luxe en rapport avec la beauté. Elle aide à obtenir un contrat, un travail, à se maintenir dans son emploi, à obtenir un licenciement dans la forme légale avec paiement des indemnités dues.

Affectif : elle ne favorise pas les sentiments débridés et la vie dissolue, son rôle est plutôt de régulariser ou légaliser une relation existante. On l'utilise pour faciliter l'établissement du contrat de mariage. Elle aide aussi à réussir une séparation, un divorce et garantit l'application de la loi.

Psychique : elle restructure le psychisme, rejoignant en cela le domaine de la santé traité plus haut. Elle aura une influence équilibrante et stabilisante dans l'exercice des facultés psychiques liées à une quelconque discipline.

Spirituel : son usage est limité au moyen de trouver la démarche juste, l'attitude convenable et rationnelle dans un domaine où l'irrationnel est la voie normale.

Lame n° 9 : L'Ermite

Solitaire et silencieux, l'Ermite avance sur le chemin de la vie avec sagesse et patience, et nous invite à le suivre dans sa quête spirituelle.

La lame de l'Ermite convient aux solitaires à la recherche de la sagesse, du savoir et de la connaissance. Elle permet le développement de la lumière intérieure et favorise son rayonnement.

Elle soutient dans toutes les démarches spirituelles ou ésotériques. Elle aide à trouver son guide ou à en devenir un. Elle met en contact avec les forces telluriques. Elle donne le détachement adapté aux situations traversées. Elle fait supporter et accepter l'austérité. Elle rend maître du temps.

Santé : L'Ermite n'est favorable qu'à la longévité. Son influence est limitée à ce domaine où il peut faire accepter le repos s'il est nécessaire et aider à prendre du recul dans une situation difficile.

Matériel : il a peu d'influence, incitant à la prudence et à l'économie. Quand les restrictions sont nécessaires, il permet de mieux les supporter.

Professionnel : il est favorable aux professions exigeant des études ou de la recherche. Il permet de structurer une situation déjà en place et d'attendre patiemment une évolution future lointaine.

Affectif : il ne faut rien attendre de lui sauf si l'on souhaite rester célibataire, mais il pourrait favoriser un mariage tardif ou avec une personne plus âgée. Au mieux, il assure la fidélité dans le couple.

Psychique : voilà où il s'exprime pleinement : « Tout vient de l'esprit, tout retourne à l'esprit ». Il favorise le développement psychique dans le temps. Il donne son aide aux personnes patientes et assidues, mais il n'accorde pas des résultats rapides. Il favorise l'initiation et la transmission du savoir par la pratique intense et répétitive.

Spirituel : il s'agit là de vraie spiritualité, vécue au quotidien au service des autres, discrète et authentique, dans ses aspects heureux ou austères. Les difficultés y sont des preuves de foi et la confirmation du chemin à suivre. Les réalisations intérieures sont enrichissantes. Tous les niveaux sont évolutifs et profonds. On peut atteindre au point ultime et même au-delà !

Lame n° 10 : La Roue de Fortune

En tournant, la Roue de Fortune fait évoluer les situations, accélérer les événements et nous pousse à sortir de notre routine.

C'est la lame du mouvement et donc de l'évolution ascendante, mais aussi de l'évolution descendante. Elle favorise l'élévation ou entraîne dans la chute. Elle représente la régénération ou la dégénérescence.

Dans toutes les activités, elle affronte des hauts et des bas inévitables, mais elle aide à maîtriser toutes les situations, même les plus contradictoires.

Elle représente un risque d'instabilité, d'agitation ou d'imprévoyance.

Santé : la Roue de Fortune s'utilise surtout lorsqu'on a tendance à se laisser aller. Elle redonne vigueur, vitalité et énergie. Pour les sujets nerveux ou stressés, elle a un effet de sauvegarde.

Matériel : on l'utilise dans les situations où il faut un résultat rapide, un dépannage, de l'opportunisme. Elle sert à emporter une décision ou à obtenir un prêt. Elle n'a pas pour vocation de stabiliser les finances ou de prévoir à long terme. Elle concerne surtout les actions proches.

Professionnel : elle intéresse les professions de la communication, du voyage et du commerce. Dans une recherche d'emploi elle sert à inverser une tendance défavorable et aide le futur employeur à prendre une décision favorable.

Affectif : elle facilite les rencontres et le renouveau, mais n'apporte aucune garantie sur la durée d'une relation. Pour le long terme, il y a même un risque d'instabilité. Elle apporte de la fantaisie au couple, une sexualité bien vécue. Mais elle provoque des crises ou des situations extrêmes.

Psychique : elle sert à se faire un mental et une force psychique à toute épreuve. Elle donne force et conviction en facilitant les échanges et la communication. Elle donne énergie et optimisme.

Spirituel : elle offre la compréhension des raisons du passage dans l'existence. Elle aide à assimiler la loi du Karma et à l'accomplir, mais elle n'en délivre pas.

Lame n° 11 : La Force

En ouvrant sans difficulté
la gueule d'un lion,
la jeune femme de la Force,
énergique et courageuse,
nous apprend à dominer
et maîtriser toutes les
situations.

La Force est la lame de toutes les maîtrises, physiques et intellectuelles. Elle apporte la vitalité, permet la domination des forces intérieures. Elle neutralise les bas instincts. Elle harmonise les contraires. Elle affirme la volonté, donne l'équilibre.

Elle développe le pouvoir de séduction et le magnétisme.

Santé : lame de la vitalité, la Force ressource ceux dont le potentiel énergétique est en baisse. Elle intervient au niveau physique et psychologique. Elle aide à se sentir bien dans sa peau, à prendre conscience de ses qualités et à en user.

Matériel : elle met en situation de force pour gérer les finances et investir. Même les difficultés ne peuvent l'abattre. Elle donne les solutions pour affronter ou contourner les obstacles.

Professionnel : idéale pour les métiers où force et endurance sont nécessaires et pour le sport. Elle aide les chefs d'entreprise dans les situations délicates et les prises de décisions rapides.

Affectif : lame de l'attirance, de la passion, mais aussi de la stabilité. Elle harmonise les relations entre les partenaires dont la personnalité est également forte. Elle donne du tempérament et de la fougue dans les relations sexuelles.

Psychique : elle apporte la maîtrise de toutes les facultés psychiques et mentales. Elle régule la circulation des énergies dans les conduits et les corps subtils en les régénérant. Là aussi elle donne l'endurance et le potentiel nécessaires à une pratique assidue et prolongée.

Spirituel : elle trouve les forces indispensables à une démarche spirituelle. Lien entre le haut et le bas, elle connecte aux forces cosmiques et telluriques. Elle favorise l'évolution à long terme, accompagne dans la marche semée d'embûches et fournit les moyens de les traverser au mieux.

Lame n° 13 : La Mort

S'activant avec la faux égalisatrice, le squelette faucheur avance et nous apprend à nous libérer du passé pour renaître à une vie nouvelle.

C'est la lame du changement et de la mutation. Elle représente la mort symbolique et initiatique. Elle aide à prendre des décisions tranchées, à couper court dans toutes les situations.

Elle marque la fin d'un cycle et le début d'un autre. Elle est une façon de renaître.

Elle permet de se comporter avec une certaine froideur, un certain recul, même apparents.

Santé : c'est la lame de l'intervention chirurgicale obligée. Elle donne la lucidité nécessaire en cette occasion où crainte et angoisse sont légitimes et permet de traverser l'épreuve et d'en ressortir “ flambant neuf ”. Elle aide à prendre les décisions en connaissance de cause et à les assumer sans regret et sans hésitation.

Matériel : sa seule influence utile concerne les questions d'héritage, sinon elle aide à se dépouiller du superflu. Son champ d'action est limité dans ce domaine.

Professionnel : elle agit pour les emplois ou les entreprises de pompes funèbres, les psychiatres et les psychanalistes. Elle donne l'attitude intérieure propice à tous les sacerdoces. Pour le reste, elle favorise les changements d'emploi, de poste, d'entreprise ou de lieu de travail.

Affectif : là aussi son influence est limitée, elle concerne surtout les séparations et les divorces si vous les souhaitez rapides, complets et définitifs. Elle n'apporte rien sur le plan sexuel.

Psychique : pour s'en servir, il faut être parvenu à un stade avancé car elle opère sur l'alchimie complexe et délicate entre le physique et le mental acceptée d'une façon consciente et volontaire.

Spirituel : c'est la lame de la libération et du détachement, dans sa phase de réalisation et non plus de conceptualisation. Elle apporte une influence libératrice et l'ouverture vers les aspirations les plus élevées.

Lame n° 17 : L'Étoile

Avec beaucoup de douceur
et de bonté, la jeune fille
nue de l'étoile verse à
l'infini l'eau de ses cruches
et nous incite à comprendre
qu'il faut toujours garder
l'espérance au
fond de soi.

L'influence de L'Étoile est étendue et vaste car, pour ce qui concerne l'usage de l'énergie pyramidale, elle est à la fois fertilité, régénération par le fluide vital, amour universel, spiritualité, espoir, délicatesse, sensibilité, patience et clarté dans la nuit, au sens figuré.

Santé : force cosmique de la nuit, L'Étoile rayonne intensément l'énergie stellaire. Elle est donc favorable aux déficients nerveux et agit contre la somnolence. Elle équilibre exactement la circulation des énergies et les chakras.

Matériel : gage de protection financière, elle apporte la chance. Elle favorise placements et rentrées d'argent, concrétise et satisfait les ambitions.

Professionnel : elle stimule la sensibilité, la patience, l'intuition et le sens esthétique : métiers d'artistes, écrivains, compositeurs, poètes, coiffeurs, manucures, esthéticiennes... Elle favorise l'épanouissement dans le travail et l'entente avec les collègues. Pour la recherche d'emploi, elle provoque la chance ou les opportunités.

Affectif : elle apporte l'entente, la compréhension mutuelle, l'harmonie et combat la domination et l'autoritarisme. Sur le plan sexuel, elle développe la délicatesse, la tendresse et les gestes empreints d'amour profond.

Psychisme : elle stimule la tranquillité propice à exercer et développer les facultés psychiques. Elle ouvre aux influences stellaires et planétaires lentes agissant en mois voire en années. On ne l'utilise pas quand on veut des résultats rapides.

Spirituel : elle permet de s'engager et cheminer sans difficulté sur la voie qui convient à sa nature et à son karma. Elle accorde l'étincelle mais non l'illumination. Elle éclaire discrètement le chemin si l'on possède déjà l'ouverture intérieure.

Lame n° 19 : Le Soleil

Source de lumière et de puissance, le Soleil apporte chaleur, vie, éclat, rayonnement, et nous donne les moyens de briller et d'être heureux dans la vie de chaque jour.

C'est la lame de l'énergie à l'état pur, lumineuse et chaleureuse. C'est le feu.

Elle développe individuellement la compétence, le discernement et favorise la réussite. Elle procure la force d'attraction par la séduction. Elle rend généreux. Son seul et grand défaut est l'orgueil.

Santé : Le Soleil optimise la vitalité et le potentiel énergétique. Mais les plus grandes réserves ayant des limites, il faut veiller à ne pas les épuiser. On l'utilise avec le Pape pour les personnes qui souffrent du cœur.

Matériel : lame de l'argent et de la prospérité, il favorise la bonne gestion et les spéculations. La chance intervient et les efforts fournis apportent les résultats attendus.

Professionnel : il est garant de la réussite professionnelle et satisfait les plus grandes ambitions. Il favorise la carrière des gens de pouvoir, des novateurs et de tous ceux dont l'objectif est d'être sur le devant de la scène. Il offre succès et gloire. Il donne un emploi adapté à ceux qui cherchent. Il apporte les distinctions : médailles, diplômes...

Affectif : il fait naître le bonheur, développe la séduction, la passion et, si on le souhaite, une relation durable. Il réchauffe les relations du couple ou rétablit l'harmonie dans la famille. Sexuellement, il procure des performances plus qu'honorables.

Psychique : il offre énergie et force mentale. Aux pratiquants des arts martiaux, il permet d'atteindre à une grande endurance qui assure l'aboutissement et la conclusion de leur démarche.

Spirituel : il provoque l'ouverture rayonnante, tournée vers les autres. Il offre la clarté du cœur et de l'esprit. La compréhension et la connaissance sont aisément captées. Il favorise les actions paisibles et lumineuses.

Lame n° 20 : Le Jugement

*Gardien sur le monde,
l'ange du Jugement souffle
dans sa trompette d'or pour
réveiller notre conscience
et nous permettre ainsi
de renaître avec
enthousiasme.*

C'est une lame d'action rapide, de renaissance et d'éveil. Elle marquera le début d'une nouvelle vie. Le Jugement fait sortir de l'ombre et donne accès à la lumière. Il consolide la foi et favorise l'élévation. Il est aussi inspiration.

Il donne à tous les changements un aspect bénéfique.

Santé : le Jugement permet une bonne oxygénation et favorise la régénération. Il achemine vers la guérison ou offre un peu de répit si l'aggravation est inévitable. Mais cette réserve d'énergie n'est pas inépuisable.

Matériel : il déclenche un renouveau positif. Il fait aboutir les revenus consécutifs aux démarches anciennes. Il accélère la fin d'une action. Financièrement, il fait bouger les choses dans le bon sens.

Professionnel : il concerne la communication et les techniques modernes. Il facilite les entreprises nouvelles et leur procure rapidement de l'activité. Pour la recherche d'emploi, il donne un nouveau départ. Il intéresse particulièrement ceux qui entrent dans la vie active.

Affectif : il facilite les nouvelles rencontres pour les solitaires ou les insatisfaits et les événements rapides et heureux. Attention de ne pas en abuser, sinon l'instabilité s'installerait dans votre vie. À moins que vous ne le souhaitiez, bien sûr !

Psychique : il facilite le renouvellement des énergies usées. Il évite de sombrer dans la routine et pousse à expérimenter des techniques nouvelles. Il favorise l'ouverture et apporte une bouffée d'air pur au psychisme saturé.

Spirituel : il facilite le franchissement des étapes de la vie spirituelle. Ces passages connaissent parfois des périodes de transition où l'esprit est fragilisé, il constitue un soutien approprié pour transcender ces moments difficiles.

Lame n° 21 : Le Monde

Dans sa perfection divine, le Monde récompense la sagesse et les efforts, et nous assure d'un excellent présage de chance dont il faut savoir profiter.

Le Monde est la lame du triomphe, de la victoire et de la gloire. Elle favorise la transmission parfaite des énergies, l'épanouissement et la perfection en tout.

Santé : Le Monde rayonne comme le soleil mais, en plus, il rééquilibre les éléments fondamentaux : Feu, Terre, Air et Eau, dont nous sommes constitués. Il est l'aboutissement des combinaisons des forces magnétiques et cosmo-telluriques. Certaines techniques, comme l'astrologie médicale, permettent de déterminer les Éléments forts et ceux qui sont déficients depuis la naissance. Le Monde servira de compensateur, il rechargera en énergie et rétablira l'équilibre perturbé d'un ou plusieurs de ces Éléments.

Matériel : il est utilisé pour surmonter rapidement et facilement les moments difficiles, relativement à l'importance de la difficulté. C'est un élément de choix pour redresser une situation délicate. Il favorise également les placements multipes ou à l'étranger.

Professionnel : il concerne les professsions liées aux voyages, à la communication et à l'étranger. Il apporte une aide efficace pour être reconnu dans son art et devenir populaire. Pour la recherche d'emploi, il aide ceux dont l'objectif est de mettre en valeur leur capacité personnelle avant de trouver du travail. Il favorise les promotions qui sont la conséquence d'efforts prolongés d'une activité assidue.

Affectif : Il favorise les rencontres au cours des voyages et à l'étranger. Il rend le contact aisé et les relations faciles. Il permet d'envisager un voyage en amoureux. Il apporte joie et bonheur autour de soi, en famille et avec les amis. Pour les relations sexuelles, il tend vers la communication et rend convaincant.

Psychique : la relation aux quatre éléments rejoint toutes les pratiques de toutes les disciplines. Il peut y être associé et se combiner à d'autres influences. Il représente une protection pour les occultistes, les voyants et les médiums exposés au risque de contamination par la fréquentation de personne psychiquement polluées.

Spirituel : par la maîtrise des quatre éléments, l'humain devient le pentagramme, symbole universel. Il n'est plus seulement un bienfait pour lui même, mais aussi pour l'humanité. En y associant la lame L'Étoile, on développe les effets des démarches spirituelles tournées vers l'amour du prochain.

Exemple pratique

***Objectif** : conclure une vente rapidement*

• On utilise une pyramide rouge.

• On consulte les définitions des cartes du tarot pour choisir celles qui correspondent le mieux à la situation.

• Par exemple, pour conclure une vente rapidement, on choisira :

Lame 10 : la Roue de Fortune accélère le résultat.

Lame 19 : le Soleil fait intervenir la chance et valorise les efforts fournis.

Lame 5 : le Pape veille à la réalisation du contrat.

Lame 8 : la Justice favorise le respect des engagements.

Lame 20 : le Jugement accélère la signature et le réglement.

• On empile les cartes de tarot les unes sur les autres dans l'ordre du processus sur le *point focal solaire*.

• On les oriente en dirigeant le haut des lames vers le *nord*.

• On laisse à la pyramide le temps d'agir !

La numérologie magique

La numérologie est la science des chiffres associés aux lettres. Sa première utilité est de déterminer le caractère et la personnalité d'un individu puis, par l'intermédiaire de sa date de naissance, d'élaborer les éléments de son devenir. [1] Cette numérologie d'orientation pythagoricienne décrit les pulsions de l'inconscient individuel et collectif.

La science des nombres remonte à l'Antiquité de toutes les civilisations et de toutes les traditions humaines. De la notion de l'Un — l'humain solitaire —, du Deux — l'association en couple — et du Trois — le couple et l'enfant engendré —, est issue toute la symbolique des nombres et les sciences mathématique, numérique et numérologique.

La numérologie est une branche de la science des nombres orientée vers la connaissance de soi, des autres et de l'univers. Le déroulement de la vie d'un être humain est régi par des cycles — qu'on peut comparer aux cycles de la nature dans laquelle il vit — que la numérologie s'efforce de décrire tout en tenant compte des influences du monde auquel il doit s'adapter et celle de l'univers qui régit sa vie, pour l'aider à se prendre en charge.

Ce qu'on appelle la numérologie magique prend sa source en Orient. C'est le fruit de l'expérience des grands mages du passé qui permet de dresser le portrait d'une personne avec les seules lettres de son nom et son prénom, même si on ne possède pas sa date de naissance.

[1] *ABC de la Numérologie*, Jean-Daniel Fermier. Ed. Jacques Grancher.

Voici le tableau de correspondance entre les lettres de l'alphabet et les nombres magiques :

A	B	C	D	E	F	G	H	I	J	K	L	M
1	2	20	4	5	80	3	8	10	10	20	30	40
N	0	P	Q	R	S	T	U	V	W	X	Y	Z
50	70	80	100	200	300	400	6	6	6	60	10	7

La confection d'un témoin

Grâce à la numérologie magique, on peut confectionner un témoin indéchiffrable, c'est-à-dire qu'on peut transcrire le nom, le prénom et la date de naissance de la personne pour qui on agit — ou les siens propres — en nombres parfaitement anonymes qui serviront à personnaliser le travail avec la pyramide.

On peut également y associer la formule numérologique de personnages qui ont marqué leur temps pour additionner leur influence à celle de la pyramide : grands sages, philosophes, guides spirituels, incarnations divines ou divinités. Voici comment procéder :

• Confection d'un témoin simple : Victor Hugo

V	**6**		**H**	**8**		
I	**10**		**U**	**6**		
C	**20**		**G**	**3**		
T	**400**		**O**	**70**		
O	**70**					
R	**200**					
	706	+		**87**	=	**793**

On peut conserver ce nombre tel qu'il est ou le réduire encore jusqu'à un nombre inférieur à 21. On obtiendra ainsi la signature numérique de l'arcane magique et secret de la personne représentée par une carte de tarot.

Dans le cas de notre exemple :

7 + 9 + 3 = 19 : le Soleil

On le constate tout de suite, c'est une lame qui convient très bien au grand écrivain, caractère fort et rayonnant dont l'œuvre poétique et romanesque émeut encore aujourd'hui.

On peut encore affiner cette méthode et fabriquer le carré magique de Victor Hugo, figure où toutes les énergies du personnage seront harmonieusement distribuées, ce qui facilitera leur expression.

C'est le carré magique dit de Saturne dont la somme est toujours 15 quelle que soit la façon d'additionner les chiffres — à l'horizontale, à la verticale ou en diagonale —, par exemple :

	4	9	2	= 15
	3	5	7	= 15
	8	1	6	= 15
15 =	=	=	=	= 15
	15	15	15	

Voici d'abord le carré-modèle qui indique l'ordre d'insertion des nombres à respecter lorsqu'on fait un carré magique personnalisé :

4°	9°	2°
3°	5°	7°
8°	1°	6°

Pour réaliser le carré magique à partir d'un nombre quelconque il faut lui soustraire 12 puis diviser le résultat par 3.

Reprenons maintenant l'exemple de Victor Hugo :

793 - 12 = 781
781 : 3 = 260 et reste 1

Le nombre résultant de la division (260) se place dans la case n° 1, puis on ajoute 1 à ce nombre chaque fois qu'on le place dans la case suivante (case n° 2 = 261, case n° 3 = 262...)

Par contre, si la division a un reste, il faut l'ajouter au nombre de la case n° 7 (pour notre exemple, Victor Hugo : 266 + 1 = 267) .

Ensuite, on continue d'ajouter 1 dans les cases suivantes en prenant pour base le nombre de la case n° 7.

C'est beaucoup moins compliqué qu'il n'y paraît ! En voici l'illustration réalisée avec le nom de Victor Hugo qui va éclairer la façon de procéder avec votre propre nom ou celui de la personne pour laquelle vous utilisez l'énergie pyramidale :

263	269	261
262	264	267
268	260	265

On l'utilise comme un témoin (voir p. 115 " Le décagone "), c'est-à-dire comme la signature très personnelle de la personne à qui va profiter l'énergie pyramidale. Comme tous les éléments complémentaires — carte de tarot, symbole planétaire, figure géomantique... —, il s'épingle au centre du rectangle dessiné sur le support solaire ou lunaire. Le haut des lettres, des chiffres ou de la photo détermine l'orientation au nord, sud, est ou ouest, selon le domaine d'utilisation.

Suivez donc les indications du chapitre concernant les domaines d'utilisation de l'énergie pyramidale (p. 67 à 107) et servez-vous d'un carré magique dans lequel vous ajouterez, si nécessaire, au nombre représentant la personne visée celui d'un élément supplémentaire : nom d'une société, d'une administration, d'une école, d'une divinité...

• L'utilisation du carré magique

Santé

Établir un témoin simple et suivre la procédure choisie.

Matériel

Rajouter au témoin simple la rubrique et la définition précise du but à atteindre. Exemple: " acquisitions et crédits " ou " acquisitions et partenaires ", ou le nom d'une banque, d'une société, d'un ou de plusieurs particuliers. Vous devez définir vous-même les éléments les plus opportuns entrant dans la combinaison qui traduit le mieux votre objectif.

Professionnel

Ajoutez au témoin simple la profession du demandeur et le nom de la société, de l'administration ou de l'employeur, ou tout intitulé identifiant au mieux le cadre de l'activité vers quoi tend l'objectif.

Affectif

Ajoutez au carré magique le nom et le prénom de la personne que vous aimez. S'il s'agit de provoquer une rencontre avec une personne indéterminée, ajoutez le mot " rencontre " ou le mot traduisant le mieux votre pensée.

Psychique

Pour les enfants qui ont un problème scolaire, ajoutez le nombre représentant le nom de l'école et la classe dans laquelle ils se trouvent.

Faites la même chose pour les adolescents s'il est question des études. Pour les problèmes d'ordre psychologique, ajoutez le mot définissant le mieux l'objectif à atteindre.

Pour la méditation, le Yoga, le Taï Chi, les arts martiaux, la médiumnité, la voyance et l'occultisme, il convient d'ajouter le nom de la discipline pratiquée et le but visé.

Spirituel

Définissez le type de spiritualité et ajoutez au carré magique le nombre du nom de la divinité ou du guide spirituel le plus représentatif du but que vous voulez atteindre. Par exemple, " Jésus Christ " pour les chrétiens ou " Mahomet " pour les musulmans…

S'ils correspondent à votre sensibilité, vous constaterez que ces carrés magiques utilisés comme témoins sont très efficaces et renforcent les effets de l'énergie pyramidale.

Exemple pratique

Reprenons l'exemple de Victor Hugo et imaginons que le poète ait éprouvé l'angoisse de la page blanche. Nul doute, s'il l'avait connue, qu'il ait désiré utiliser l'énergie de la pyramide !

Il s'agit là d'un travail dans le domaine psychique. Victor Hugo aurait :

- utilisé une pyramide de couleur *bleue*,
- fabriqué son témoin en y ajoutant le mot " *inspiration* " :

V	**6**		**H**	**8**		**I**	**10**	
I	**10**		**U**	**6**		**N**	**50**	
C	**20**		**G**	**3**		**S**	**300**	
T	**400**		**O**	**70**		**P**	**80**	
O	**70**					**I**	**10**	
R	**200**					**R**	**200**	
						A	**1**	
						T	**400**	
						I	**10**	
						O	**70**	
						N	**50**	
	706	+		**87**	+		**1181** =	**1974**

- calculé son *carré magique* en suivant la méthode proposée à la page 157 :

1974 - 12 = 1962 : 3 = **654** (reste = 0)

657	662	655
656	658	660
661	654	659

- épinglez le carré magique sur le point focal *lunaire*,
- orientez le haut du carré vers l'*est*,
- laissez à la pyramide le temps d'agir !

Les symboles planétaires

Il existe d'autres éléments complémentaires à la pyramide, riches de signification et très efficaces, ce sont les sept planètes maîtresses des jours de la semaine qu'on utilise communément en magie.

Le Soleil	est associé au	**Dimanche**
La Lune	est associée au	**Lundi**
Mars	est associé au	**Mardi**
Mercure	est associé au	**Mercredi**
Jupiter	est associé au	**Jeudi**
Vénus	est associée au	**Vendredi**
Saturne	est associé au	**Samedi**

Lorsqu'on décide d'utiliser la vibration particulière de chaque planète pour complèter l'action de l'énergie pyramidale, il faut tenir compte de cette relation avec les jours de la semaine. On commence donc le travail au jour présidé par la planète choisie.

L'influence de chaque symbole planétaire s'exerce dans un domaine assez large. On doit lui associer un des éléments complémentaires décrits pages 119 à 278 pour lui donner plus de précision et affiner l'objectif à atteindre.

Hormis le Soleil dont l'influence correspond au point focal de la chambre du roi, et la Lune dont l'influence correspond au point focal de la chambre de la reine, les planètes ont une influence double : la leur propre et celle du point focal employé que vous choisirez d'après le domaine qui vous intéresse.

Par exemple :

Vous mettrez obligatoirement en route une action concernant le domaine sentimental un *vendredi*, jour attaché à la planète *Vénus*, maîtresse des questions affectives.

Mais vous vous positionnerez sur *le point focal solaire*, pour favoriser le début d'une relation ou sur le *point focal lunaire* pour stabiliser cette relation.

Nous allons décrire les sept principales planètes pour en donner le sens général et les domaines où elles pourront être le mieux utilisées.

Le Soleil

En astrologie, il est très semblable à ce qu'il est dans la réalité : expansif, rayonnant et éclatant. Il réalise la synthèse des éléments des autres planètes. Il est également l'esthétique, la vie extérieure et l'autorité. Symboliquement, il représente la noblesse, les hautes sphères sociales, l'opulence, les honneurs et la gloire. Il symbolise le père, le mari ou le chef.

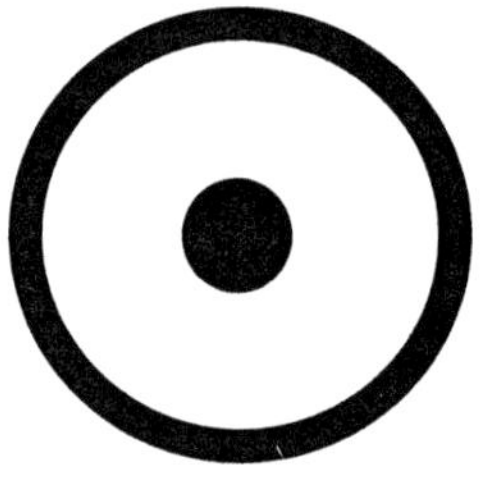

Santé

Le Soleil est la vie, donc la force vitale dont le centre est le cœur en connexion avec les artères et le système circulatoire. Il est utilisé pour tous les problèmes liés à ces parties de l'organisme et à leur fonctionnement. On s'en sert aussi pour agir sur le dos, le flanc droit et la vue (l'œil droit chez l'homme et l'œil gauche chez la femme). Il apporte la force et le dynamisme. Il tonifie et régénère les cellules et le sang.

Matériel

Il facilite des gains mais il a peu de goût pour l'épargne car il aime trop le faste. Inutile, donc, de rechercher la stabilité avec lui. Mieux vaut éviter le jeu et la spéculation boursière qui favoriseraient son instabilité.

Professionnel

Il s'adresse particulièrement aux banquiers ou employés de banque, aux industriels ou aux employés de l'industrie occupant un poste de responsabilité, aux commerçants d'articles de luxe, de décoration et aux bijoutiers. Il favorise l'ascension professionnelle rapide et aide même à atteindre la notoriété et la gloire. Il donne un coup de pouce efficace aux carrières politiques.

Affectif

L'influence du Soleil se manifeste surtout dans la capaciter à rayonner autour de soi et à séduire. Il apporte l'intensité dans les sentiments et la stabilité qui permettent ainsi d'aller jusqu'au mariage. Mais il peut aussi inciter à trop en demander à son partenaire et il entraîne parfois une déception.

Psychique

Le Soleil stimule l'intelligence synthétique car il réunit les qualités des autres planètes. Il aide donc à être très organisé mentalement et psychiquement. Il favorise l'esprit de création et, pourquoi pas, le génie, à condition toutefois d'avoir quelques dispositions !

Spirituel

Il fait naître l'ambition d'un idéal élevé, mais ne permet pas de corriger l'ego hypertrophié. Son utilisation se borne donc à entretenir l'élan de départ. Il incite à ne pas se contenter de demimesure ou de réalisation approximative. Une fois épuisé, son élan doit être abandonné au profit d'une force plus subtile et transcendante.

La Lune

La Lune est toujours associée à la nuit, donc à l'humidité ou au froid. C'est la période du sommeil et, par force, du rêve et de l'imaginaire qui donnent libre cour à la fantaisie, aux caprices ou aux fantasmes.

C'est aussi le symbole de la gestation et de la fécondation par le fait même qu'elle représente le sexe féminin et l'épouse. On l'associe aussi à la foule, la vie intime et la passivité.

Santé

La Lune, c'est la vie végétative et le tempérament lymphatique. Elle influence plus particulièrement l'appareil digestif et l'estomac. Elle agit aussi sur la lymphe, le grand sympathique et la vue (plus précisément l'œil gauche). Secondairement, elle gouverne le cervelet, les organes féminins et leurs fonctions, les tissus adipeux, la vessie, les sérosités et les voies respiratoires.

Matériel

Du point de vue financier, cet astre n'apporte guère de bienfaits et risque même de provoquer pas mal d'instabilité. Il vaudra mieux ne pas l'utiliser pour ce domaine.

Professionnel

Elle est favorable quand il s'agit d'obtenir la faveur et la bienveillance des foules dans le cadre d'une activité politique ou de toute autre activité en contact avec le public. Mais il s'agira toujours d'une réussite liée à quelqu'un d'autre. Elle favorise les assistants ou les seconds, ceux qui restent dans l'ombre. Elle aide également les poètes, les romanciers, les voyageurs, les professionnels de la mer ou des métiers liés à l'eau, les commerces de nettoyage, les bars et les magasins d'alimentation, les vendeurs, les gens de maisons et les personnels de santé.

Affectif

Dans ce domaine, la Lune procure une vie sentimentale empreinte de douceur, de sensibilité et de romanesque. Elle développe le pouvoir de séduction. Elle aide à provoquer ou à accélérer un mariage. Elle convient très bien pour résoudre les épreuves dans le couple ou les problèmes familiaux.

Psychique

La Lune, c'est avant tout l'imaginaire… Elle stimule aussi les facultés de mémorisation, les capacités d'inspiration, d'intuition et de clairvoyance. Elle convient très bien aux occultistes. Elle permet de développer les tendances Yin — féminines , passives — si elles sont insuffisantes.

Spirituel

La Lune apporte à toutes les personnes attirées par la vie mystique une influence efficace et bénéfique. Elle offre le calme et la concentration nécessaires aux démarches spirituelles. Elle aide à ressentir intuitivement la direction à prendre et, une fois la voie choisie, elle donne la vision intérieure du présent et du futur.

Mars

Mars est le dieu de la guerre et sa qualité première est l'action. Cette planète apporte la réalisation, mais aussi le combat, l'antagonisme, la destruction et la passion. Elle donne le courage, l'audace et l'énergie qui aident à tout affronter. Elle symbolise l'amant, le mari, les frères aînés ou les militaires.

Santé

L'influence de Mars se situe au niveau de la tête, des organes génitaux masculins, de la vésicule biliaire, de l'oreille gauche et des muscles en général. Il permet d'avoir une bonne résistance physique dans tous les domaines d'activité. Mais attention à ne pas en abuser ce qui risquerait de raccourcir l'espérance de vie !

Matériel

Mars apporte une intense activité et la possibilité de gains importants. Mais attention ! les bénéfices ne seront pas à la hauteur de l'effort fourni... Cette influence est donc à utiliser avec prudence et parcimonie pour donner une impulsion au démarrage ou à la conclusion d'une affaire ou d'une transaction, mais jamais de façon permanente. Il n'est pas possible d'obtenir la stabilité ou la bonne gestion des capitaux grâce à cette planète.

Professionnel

Mars influence les professionnels qui travaillent le métal : mécaniciens, sculpteurs, armuriers, serruriers, forgerons, bouchers, cuisiniers, employés des chemins de fer, et les médecins, chirurgiens, dentistes et militaires. Il agit aussi sur toutes les activités où il faut une certaine combativité intellectuelle, comme les ingénieurs, les propagandistes, les révolutionnaires ou les anarchistes. Elle est aussi très favorable aux professions nécessitant de la résistance, de la force physique et du courage, comme les pompiers, les manutentionnaires, les dockers, les chauffeurs, les prospecteurs, les explorateurs, les boxeurs, les coureurs cyclistes, motocyclistes et automobiles. Mars favorise l'ambition liée à l'esprit d'indépendance et les postes de commandement. Il permet d'accepter la discipline et les efforts. Mais il ne donne rien facilement…

Affectif

Mars, c'est la passion ardente et sensuelle. Il emporte dans un tourbillon, il exacerbe la jouissance. Mais là où il agit, il n'y a pas de place pour les sentiments. Avec lui, il faut choisir son objectif avec précision car il n'y a pas d'alternative. Mars favorise l'aventure et les relations sexuelles mais en exclut tout romantisme. Il n'est pas favorable au couple et à la vie de famille.

Psychique

Mars tourne un sujet vers l'actualité intellectuelle mais sans grande subtilité. Il donne cependant de la résistance et de la persévérance. Il favorise l'esprit scientifique positiviste, les études en physique, chimie, balistique, stratégie, mécanique et, secondairement, la médecine, la biologie et les techniques modernes. Il permet d'aborder les arts martiaux par leur côté concret et non par leur côté métaphysique. Il favorise l'ambition et aide à parvenir au terme d'une action ou d'une entreprise.

Spirituel

Mars a très peu d'effet dans ce domaine, si ce n'est pas du tout. Son influence est même plutôt négative. Il sert à ramener vers la réalité objective celui qui est trop crédule. Il entretient aussi un septicisme raisonnable qui empêche de se lancer à corps perdu dans une voie, sans en avoir auparavant expérimenté les réalités.

Mercure

Mercure est la planète de l'intellect, de la raison, de l'assimilation, de l'interprétation et de l'ingéniosité. Elle permet de comprendre, de s'adapter, de faire preuve de souplesse, d'adresse et de rapidité. Elle donne le sens des affaires. Elle favorise les intermédiaires, les messagers, les journalistes, les commerçants et les jeunes gens.

Santé

L'influence de Mercure s'exerce sur les poumons, l'intestin, le système nerveux et les troubles mentaux. Son utilisation dans ce domaine est délicate. Le surmenage intellectuel peut en fragiliser l'influence, il faut donc en limiter l'usage.

Matériel

Dans ce domaine, on recherche la sécurité et la stabilité, mais sûrement pas la richesse. Les placements et les spéculations ne sont pas favorisés, sauf ceux qui n'engendrent aucun risque. Mercure aide à être raisonnable et à éviter de mettre en péril les biens ou le patrimoine familial.

Professionnel

Toutes les professions où l'activité intellectuelle joue un rôle prépondérant sont favorisées par Mercure, comme le journalisme, la littérature, l'édition, l'imprimerie, la science, les statistiques, la métrologie, la diplomatie, les conférences, la vente et les activités commerciales. Il attire la bonne appréciation et facilite l'ascension sociale, mais il ne permet pas de parvenir au tout premier plan. Il favorise les changements professionnels. Il donne de l'ingéniosité et du sens pratique.

Affectif

Mercure intellectualise les sentiments, et ne peut donc agir que sur les relations peu profondes. Il suscite les aventures passagères et permet de se remettre d'une rutpure avec plus de facilité. Il préserve le célibat si on le souhaite et permet d'éviter les attachements passionnés. Il ne peut favoriser le mariage ou les relations à long terme. Ce n'est pas non plus la planète de la fidélité. On peut donc dire que Mercure est défavorable au couple et à la famille.

Psychique

Mercure est la planète de l'ouverture et de la curiosité mentale et intellectuelle. Il va favoriser toutes les expériences en excitant l'ingéniosité et l'intuition. Avec Mercure, le danger est de rester sur le plan de l'expérimentation, sans être vraiment capable d'aller plus loin. Son utilisation doit se borner à la compréhension des différentes voies explorées, puis il faut passer à d'autres influences.

Spirituel

Comme pour le psychique, Mercure favorise l'exploration, sans pousser vraiment à aller audelà. Il présente un danger d'intellectualisation et fait naître le sentiment illusoire de l'élévation et de la supériorité. Mais comprendre n'est pas apprendre, connaître n'est pas expérimenter, appréhender n'est pas réaliser. La voie spirituelle n'est pas seulement une affaire d'intelligence...

Jupiter

♃

Jupiter offre la puissance, la prospérité, la richesse, l'expansion. Il se manifeste aussi dans l'exercice du pouvoir organisé, le sens de la hiérarchie, de l'ordre et de l'organisation. Il accorde la cohésion dans l'action. Il représente le pouvoir de décider et de juger avec justice et équité. Jupiter est la planète des magistrats, des banquiers et des oncles.

Santé

L'influence de jupiter s'exerce sur le foie et la circulation artérielle, mais aussi sur les poumons, les cuisses, les muscles et l'odorat. Il aide à l'assimilation, la croissance et l'épanouissement des tissus. Il favorise la santé et la longue vie.

Matériel

C'est la planète de la richesse. Il va donc favoriser toutes les spéculations et toutes les transactions, proportionnellement aux moyens dont on dispose au départ et compte tenu des aspects bénéfiques ou non qu'il occupe dans le thème astrologique de celui qui l'utilise. Mais, dans tous les cas, il appuie les actions matérielles et leur donne plus de chances de réussite.

Professionnel

Jupiter influence certaines professions dans les grandes administrations publiques et religieuses : hauts dignitaires, hommes politiques, hauts fonctionnaires, hauts magistrats. Il est également favorable aux directeurs des établissements financiers et des grosses industries. Dans un registre moindre, il influence bénéfiquement les employés de banque, les fonctionnaires et les administratifs.
Dans le domaine de l'art, il aide les peintres et les compositeurs de musique sacrée. Il suscite la reconnaissance des capacités, des mérites et des qualités professionnelles. Les revenus ou les augmentations subissent son influence positive, les promotions et les honneurs seront dès lors parfaitement accessibles.

Affectif

Jupiter est la planète de l'union légale et du mariage, dans le respect des lois et des coutumes. Il ne favorise pas les aventures et permet de refréner les penchants sensuels en les conservant secrets. Si une liaison existe, il permet qu'elle ne vienne pas au grand jour. Il aide presque toujours à éviter le divorce. Il peut aussi favoriser un mariage de raison ou d'intérêt. Il stabilise le couple et la famille et, si on le désire, suscite une nombreuse progéniture.

Psychique

Jupiter favorise l'activité mentale bien équilibrée. Il donne une certaine facilité d'observation et d'assimilation à celui qui l'utilise. Il l'aide à développer la mémoire, l'ordre et la méthode en toutes choses. Il apporte la clarté d'esprit dans tous les domaines abordés et permet ainsi de clarifier le savoir et la connaissance en précisant leurs champs d'application et leurs limites. Il rend particulièrement objectif et permet donc d'être parfaitement structuré. Il évite, en outre, de perdre du temps et de s'attarder à des détails inutiles.

Spirituel

L'influence de Jupiter agit plutôt dans le conformisme et la précision. Il ne porte pas vers l'innovation et l'originalité. Il permet de comprendre et d'appliquer des règles établies avec une complète maîtrise. Il aide les indécis à choisir et à prendre leurs décisions, mais il ne peut pas empêcher l'instabilité, l'abandon ou le manque de persévérance. Avec lui, on domine ses bas instincts sans trop de difficultés. Il accorde les appuis et les aides financières indispensables pour régler les problèmes matériels liés à la voie spirituelle comme le coût d'une retraite ou d'un pèlerinage.

Vénus

♀

Vénus est la planète de l'amour, de l'art et de la beauté. Elle apporte donc l'harmonie, le charme et la douceur. Ellc favorise l'attraction entre les êtres, la sympathie et la vie amoureuse en général. Elle représente la mère, la maîtresse, les sœurs, les filles et les courtisanes.

Santé

Son influence s'exerce sur les reins, les organes génitaux de la femme, la circulation veineuse et la gorge. Vénus a forcément une action sur les cycles menstruels et, parallèlement, sur les débuts de la maternité. Elle est plutôt axée sur la sexualité.

Matériel

Vénus apporte la chance et la facilité financière, en incitant à faire preuve de prévoyance et d'économie. Elle permet d'obtenir l'aide de sa famille, d'un associé ou d'un partenaire en cas de besoin. Elle favorise la spéculation mais ne garantit pas la gestion des dépenses. Il faut donc prendre conseil ou confier la gestion de ses capitaux à des personnes compétentes ou des établissements spécialisés.

Professionnel

Vénus est la planète des professions de l'art et de la beauté. Elle aide les musiciens, les acteurs de théâtre ou de cinéma, les peintres, les couturiers, les modistes, les parfumeurs, les coiffeurs, les manucures, les décorateurs, les pâtissiers et les fleuristes. Elle favorise la réussite professionnelle et peut intervenir rapidement et aisément quand on la sollicite. Dans le domaine artistique, elle peut même aider à atteindre la notoriété. Par contre dans les autres domaines, elle n'offre pas assez d'ambition, d'énergie, de combativité ou de patience pour y parvenir. La réussite accordée par Vénus est due en grande partie au charme et à la chance.

Affectif

C'est là que Vénus exerce son influence dominante. Elle permet d'être heureux en amour et favorise toutes les rencontres et toutes les aventures de cœur. Mais ce n'est pas la planète de la fidélité aussi, une fois le résultat obtenu, il faut rapidement changer d'influence et chercher la stabilité et la fidélité (par exemple avec Jupiter ou le Soleil).

Psychique

C'est la planète du ressenti et de l'intuition. Elle ne s'embarrasse pas de raisonnements fallacieux ou compliqués. Elle donne raison au cœur, elle fait entrer dans un univers artistique, développant ainsi les facultés perceptives au-delà du raisonnement conscient. Elle permet de franchir les barrières cartésiennes et d'expérimenter les états de conscience à l'origine des forces psychiques agissantes.

Spirituel

Vénus apporte l'idéal et l'amour universel désintéressé. Elle favorise toutes les démarches mystiques entreprises dans le but de venir en aide aux autres. Elle aide le développement de l'action humanitaire et la cohésion des communautés. Elle élève les sentiments des personnes engagées sur une voie spirituelle et conscientes d'être encore sous l'emprise d'un ego très fort ou d'une intellectualisation trop prononcée qui constituent une entrave à l'évolution.

Saturne

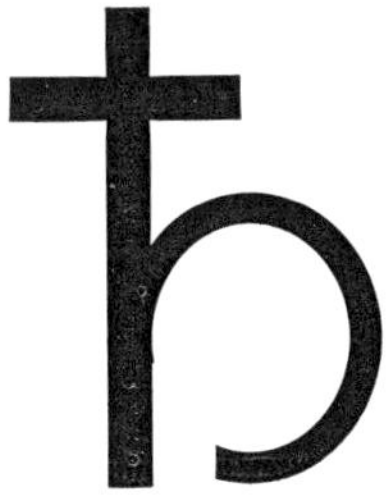

Saturne est la planète de la concentration, de l'érudition, de la réflexion et de la méthode. Il aide les chercheurs dans tous les domaines. Il favorise la solitude propice à la réflexion, mais sans le confort ! Il représente le froid, le temps, la restriction, l'économie et la patience. Il est sans joie et sans fantaisie car il s'exprime dans le détachement.

Santé

Saturne exerce son influence sur l'ossature, les dents, les cartilages, l'oreille droite et, secondairement, sur la vessie et la rate. Il permet d'économiser ses forces et favorise la longévité. Mais il n'est pas, bien entendu, une planète d'action comme Mars.

Matériel

Ce n'est pas la planète de la richesse, mais plutôt de l'économie, dans les moyens et dans les besoins. Malgré cela Saturne préserve du manque d'argent et permet des gains sinon importants tout au moins suffisants pour faire face à ses obligations. Il ne faut rien espérer de lui pour la spéculation ou le jeu. Les seuls placements favorisés devront être liés à la terre ou aux propriétés terriennes.

Professionnel

Saturne influence tous les professionnels concernés par la recherche et la terre, comme les ingénieurs agricoles, les agriculteurs, les mineurs, les maçons, les terrassiers, les archéologues, les employés des pompes funèbres, mais aussi les physiciens, les chimistes et les architectes. La réussite professionnelle est lente car il n'est pas ambitieux. Il vaut donc mieux ne pas l'employer pour ce qui concerne l'avancement. Par contre, il développe de grandes capacités de travail et d'assiduité et, pour cela, il est très utile.

Affectif

Saturne est à l'opposé du côté sentimental et conduit immanquablement à l'échec dans ce domaine. Son influence est donc négative. Il pourra être utilisé en vue d'une séparation ou d'un divorce. Il favorisera la solitude et le détachement envers les choses sexuelles ou sentimentales. Son usage est donc très limité dans la sphère affective.

Psychique

C'est la planète de la réflexion profonde et de l'analyse, mais à un très haut niveau. Il favorise toutes les activités psychiques de méditation et de concentration. Il permet aussi d'appliquer et de développer les capacités psychiques. Il est donc bénéfique aux parapsychologues, aux occultistes et aux maîtres d'arts martiaux ou de yoga. Il rend capable de perfectionner les méthodes apprises et de redécouvrir les enseignements anciens.

Spirituel

C'est la planète du développement spirituel, philosophique ou religieux. Elle donne l'assiduité et rend observateur. Aucune connaissance n'est inaccessible à son influence. On peut atteindre grâce à lui le point ultime de toute démarche spirituelle. Il empêchera le renoncement une fois engagé dans une voie. Il facilite le détachement au monde matérialiste et au plaisir des sens.

Exemple pratique

***Objectif** : créer une entreprise commerciale*

• On choisit la pyramide *rouge*.

• On trouve le nom de la planète reliée à sa profession ou à son activité principale en consultant ce chapitre.

• On y ajoute les planètes qui vont vous aider à atteindre votre but :

> *Mercure* : facilite l'ascension sociale et favorise les changements professionnels.
>
> *Lune* : attire la faveur de la clientèle.
>
> *Soleil* : favorise l'ascension professionnelle rapide.

• On dessine les symboles planétaires sur de petits papiers.

• On épingle ces papiers sur le *point focal solaire*.

• On dirige le haut des symboles planétaires vers l'*est*.

• On laisse à la pyramide le temps d'agir !

Les symboles géomantiques

La géomancie ou divination par la terre remonte à l'antiquité Orientale, mais son origine demeure mystérieuse. Elle était connue des Babyloniens et des Chaldéens, des Égyptiens, des Perses, et des Chinois.

À l'origine, intimement liées à l'observation des astres et des courants telluriques, elle était faite de traits dessinés sur le sol et qui reproduisaient la disposition de certaines étoiles. Cette représentation du ciel inscrite dans la terre était censée stimuler l'intervention des esprits de la terre qui délivraient alors des oracles exprimés par la bouche des mages. Ces signes schématiques devenaient le support de la divination. Mais quand elle arriva en Occident où l'observation du ciel était interdite, la géomancie abandonna la consultation du ciel et ne conserva que seize figures qui furent la base d'une nouvelle science divinatoire.(1)

Comment procéder ?

Les accessoires utilisés pour la mettre en œuvre sont très simples : un bâton pour tracer des traits dans le sable ou des cailloux sortis d'un panier. Aujourd'hui, en remplacement du bâton, on utilise aussi un crayon et une feuille de papier.

(1) Pour plus d'informations sur la pratique de la géomancie, consultez : *ABC de la Géomancie,* A.-M. Cacciaguerra, Ed. J. Grancher, et *Théorie et pratique de la Géomancie*, J.-P. Ronecker, Ed. Dangles.

Les figures géomantiques traduisent les aspects pairs ou impairs nés de la fantaisie du destin aléatoire qu'on appelle le " hasard ". Elles sont réparties en quatre niveaux pairs représentés par deux points et quatre niveaux impairs matérialisés par un point. Elles expriment l'alchimie subtile qui s'exerce entre les forces telluriques et les forces cosmiques.

Elles sont tout à fait appropriées pour être utilisées avec l'énergie pyramidale. Toutes n'ont pas une influence bénéfique, il a donc fallu faire un choix et sélectionner les plus favorables d'entre elles.

• Trois sont extrêmement positives :

n° 8 : *Laetitia* (la Joie)
n° 11 : *Acquisitio* (le Gain)
n° 13 : *Fortuna Major* (la Grande Fortune)

• Quatre sont simplement positives :

n° 5 : *Puella* (la Jeune Fille)
n° 9 : *Caput Draconis* (la Tête du Dragon)
n° 10 : *Conjuctio* (la Conjoncture)
n° 14 : *Albus* (le Blanc)

• Quatre sont peu favorables :

n° 1 : *Via* (la Voie)
n° 3 : *Puer* (le Garçon)
n° 4 : *Fortuna Minor* (la Petite Fortune)
n° 6 : *Amissio* (la Perte)

• Cinq sont extrêmement défavorables :

n° 16 : *Populus* (la Foule)
n° 2 : *Cauda Draconis* (la Queue du Dragon)

n° 7 : *Carcer* (la Prison)
n° 12 : *Rubeus* (le Rouge)
n° 15 : *Tristitia* (la Tristesse)

Ce dernier groupe ne figure pas dans les éléments complémentaires que nous allons développer. Dans un souci de clarté, nous avons distingué les signes géomantiques très favorables par trois étoiles (***), les figures simplement favorables par deux étoiles (**) et les figures peu favorables par une seule étoile (*).

N° 1 : Via *

On l'appelle aussi la Voie, le chemin ou la route aventureuse. Il représente la naissance, le début ou l'élan initial. Il aide à choisir sa route, à s'y engager et à maîtriser une démarche. Il accorde la volonté et favorise le changement positif. Il harmonise les contraires et les contradictions. Il libère des contraintes.

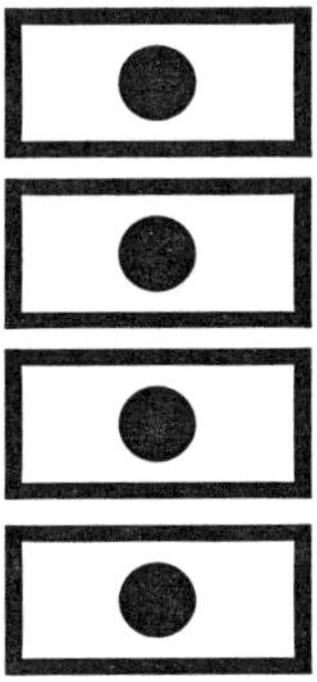

Santé

Son influence s'exerce pour les intestins, le cerveau, la vessie, l'estomac, l'œil gauche chez l'homme et l'œil droit chez la femme.

Matériel

Via ne favorise pas les placements ou les spéculations, il permet simplement de sortir d'une situation gênante ou embarrassante dans le cas de difficultés financières.

Professionnel

Via concerne toutes les professions du voyage et du déplacement : tourisme aérien et maritime, transport de toute nature. Mais son influence reste trop aventureuse pour espérer la stabilité ou même une promotion. Il pousse en avant, tout simplement.

Affectif

Via favorise les aventures et les rencontres sans lendemain. Pour le reste, mieux vaut s'abstenir ! Les relations qu'il engendre sont trop instables. Il peut apporter un élan vivifiant au couple, un peu de saveur dans une vie terne et monotone.

Psychique

Via ouvre l'accès à toutes les expériences psychiques nouvelles, sans en assurer pour autant le suivi et la continuité. Il donne l'élan novateur à la pratique du voyage astral. Il faut l'utiliser dans une intention d'ouverture ou d'initiation. Il favorise la voyance et le spiritisme.

Spirituel

Via est aussi un chemin menant vers l'expérience

mystique solitaire. C'est une voie d'initiation et de début d'engagement. Mais, pour poursuivre, il faut faire intervenir d'autres influences.

*N° 3 : Puer **

Il représente l'effort, l'énergie, le courage et l'audace qui permettent de parvenir à l'aboutissement d'une action ou d'un objectif. Il est dynamique et symbolise l'élément masculin. Il donne l'enthousiasme et l'individualité. Il favorise la fermeté, la franchise et l'ardeur au combat.

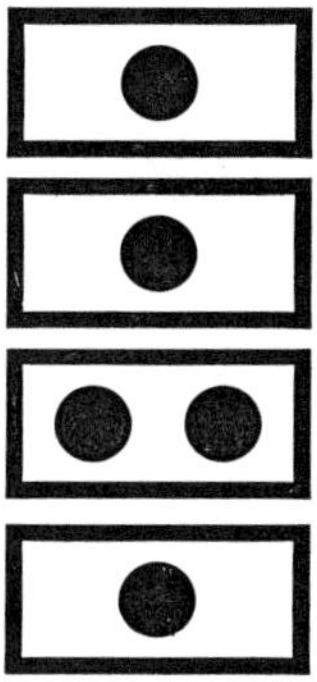

Santé

Son influence s'exerce pour la tête, l'oreille gauche, les bras, les épaules, le sexe masculin et les reins. Il dynamise ces parties du corps et ces organes mais... attention aux excès !

Matériel

Puer représente l'influence du début. Il offre la possibilité de se lancer courageusement dans une aventure financière. On peut s'en servir pour se donner la force et le courage de s'engager dans une action à risque.

Professionnel

Puer influence les soldats, les militaires, les explorateurs, les sportifs, surtout ceux qui pratiquent les sports de combat, et les acrobates. Cette figure ne favorise pas les professions sédentaires et les emplois tranquilles. Il permet de surmonter les difficultés de tous ordres. Il n'aide pas à obtenir une promotion ou une augmentation, mais il donne le courage de les demander.

Affectif

Puer est le symbole de la sexualité masculine et de l'audace. Il est tout naturellement propice aux rencontres et aux aventures. Il est utile aux timides et aux indécis à qui il donne le courage de se déclarer. Dans le couple, il agit pour pallier les déficiences de la virilité.

Psychique

Puer agit comme un courant magnétique qui donne une impulsion passagère. Il ne retient pas l'énergie fournie. Mais c'est la force nécessaire pour tous les arts martiaux et les occultistes.

Spirituel

Puer n'est pas d'une grande spiritualité car il n'est pas parvenu à la maturité. Son usage donne la force d'avancer lorsqu'on se sent chanceler ou si l'on affronte une difficulté apparemment insurmontable. Il aide également à franchir le pas séparant la conceptualisation de la réalisation, l'abstrait du concret.

*N° 4 : Fortuna Minor **

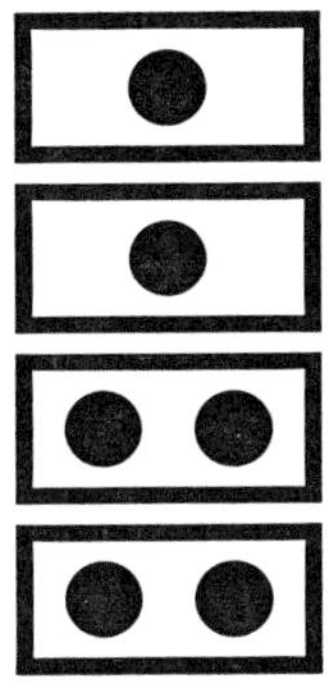

Il symbolise la prudence dans toutes les situations où il est nécessaire de préserver les acquis. Mais il n'apporte aucune aide pour la réalisation. En revanche, il favorise l'élaboration des stratégies et développe l'esprit pratique.

Santé

Son influence s'exerce pour la tête, le cerveau, l'œil droit pour l'homme et l'œil gauche pour la femme, ainsi que les centres vitaux comme le cœur, les nerfs ou la moelle épinière.

Matériel

Aucun résultat substantiel et significatif ne peut être attendu de Fortuna Minor, sinon de façon fortuite. Mais c'est un peu risqué de compter uniquement sur un coup de chance… Il permet l'installation des circonstances favorables, mais il faut utiliser d'autres influences pour conclure.

Professionnel

Il concerne tous les professionnels du bâtiment

et les constructeurs d'ouvrages militaires et de défense. Il favorise aussi les militaires de carrière, les policiers et les gendarmes, ainsi que toutes les activités liées à la sécurité, à la défense et à la surveillance, les emplois hospitaliers, le clergé. Il apporte la sécurité de l'emploi, mais rien de plus.

Affectif

Fortuna Minor ne favorise pas les rencontres ou les nouvelles relations, il permet seulement de préserver la relation ou le couple dans l'état où ils se trouvent.

Psychique

Fortuna Minor est le réceptacle qui retient l'énergie psychique emmagasinée. Dans les moments de déperdition de cette énergie, il en interrompra la fuite.

Spirituel

Fortuna Minor a une réelle influence spirituelle. Dans ce domaine, il permet la réalisation du célibat, de l'action en solitaire, de l'isolement, de la retraite, du jeûne et des mortifications. Il soutient les prédicateurs et les évangélisateurs. Il permet aussi de se détacher des biens matériels et de vivre dans le plus complet dénuement. Il est particulièrement indiqué pour les anachorètes et ceux qui se destinent à la vie du couvent ou de l'ermitage.

*N° 6 : Admissio **

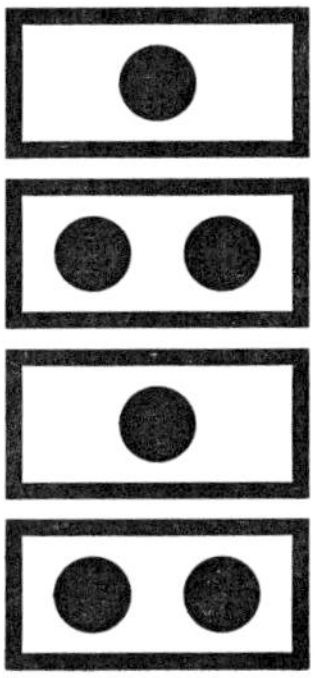

Il représente la perte et la disparition des éléments qui constituent une situation, qu'elle soit favorable ou défavorable. Il peut donc être une perte irréparable mais aussi une libération salutaire de conditions contraignantes et pesantes. Dans tous les cas, il traite le présent en affaçant le passé et en libérant la route vers la reconstruction du futur. Mais il n'interviendra pas sur les événements à venir.

Santé

L'influence d'Admissio s'exerce pour les reins, les cuisses, la vessie, les glandes sudoripares et le système nerveux. Attention ! Il ne restructure pas, il libère seulement et permet la régénération sans pour autant la réaliser.

Matériel

Amissio ne peut en aucun cas apporter de bénéfices financiers. Il ne faut pas l'utiliser pour la spéculation, les placements ou les transactions. Il permet de se libérer d'affaires malsaines pouvant provoquer des désagréments juridiques ou financiers.

Professionnel

Peu de professions avouables ou recommandables sont concernées par Amissio... Les bourreaux officiels le sont et, plus couramment, les démolisseurs et casseurs patentés, les agents du fisc, les huissiers, les propriétaires et les employés des cercles de jeux.

Affectif

Il n'engendre rien de constructif. Seuls les divorces et les séparations sont favorisés. On ne peut attendre de lui aucun amour ni amitié, et encore moins de sentiment.

Psychique

L'influence d'Amissio est décidément délicate à manipuler, et d'autant plus dans le domaine psychique où, s'il peut favoriser l'ouverture et la réceptivité, il ne garantit pas la qualité des éléments introduits ensuite. Il crée donc un risque de destabilisation. Il faut être prudent et réserver son usage pour les cas ou les situations qui présentent un réel état d'urgence et nécessitent de libérer un psychisme en danger pour favoriser sa régénération.

Spirituel

Amissio intervient dans les phases de détachement matériel ou affectif. Il bouscule le confort, même relatif, d'une vie spirituelle routinière où l'évolution est stoppée. Il apprend à tout abandonner pour prendre la mesure de la force et de la profondeur de son engagement, à sortir de son cadre pour affronter une réalité inconnue peut-être plus difficile mais prometteuse d'élévation. Il incite à se consacrer à autrui plutôt qu'à soi. Il aide à dépasser son ego et à se confondre dans l'amour universel.

N° 5 : Puella **

C'est la beauté, la féminité et l'esthétique. C'est la grâce et la douceur. Puella symbolise la séduction et la sensualité, mais dans le sens de la tendresse amoureuse et non de la sexualité agressive. Il est l'intelligence et l'inspiration artistique. Mais il peut aussi représenter la passivité et l'inertie.

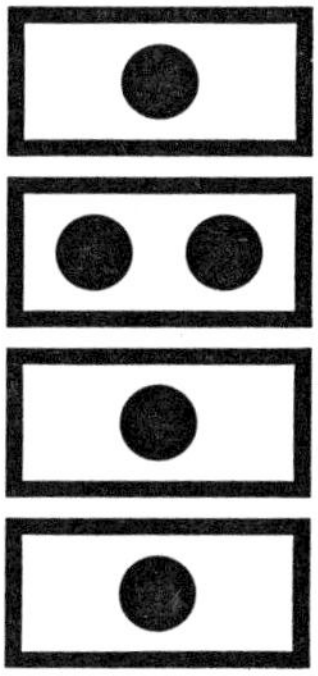

Santé

Son influence s'exerce pour le visage, les bras, les épaules, le cou, la gorge, le buste et le sexe féminin. Il s'intéresse plus particulièrement aux soins de beauté, voire à la chirurgie esthétique, à l'entretien du corps par les médecines douces et les techniques naturelles. Son action est plus extérieure qu'intérieure.

Matériel

Puella apporte la facilité matérielle, mais dans la dépendance. Il permet de recevoir, mais non d'obtenir par soi-même. Il favorise la vie aisée et le luxe. Il donne les moyens de réaliser des ambitions artistiques ou littéraires avec le soutien d'un sponsor ou d'un mécène. Il faut s'abstenir de l'utiliser pour favoriser ses propres opérations boursières car il n'a pas la force combative nécessaire pour cela.

Professionnel

Puella apporte son aide à toute personne exerçant une activité dans les domaines créatifs : artistes, poètes, conteurs, romanciers, peintres, dessinateurs, chanteurs, bijoutiers, fleuristes, couturiers, coiffeurs, parfumeurs, commerçants de luxe et tous les professionnels de la remise en forme physique. Il donne toute facilité pour trouver un emploi dans ces différentes activités.

Affectif

Puella c'est l'amour, l'amitié ou la tendresse. Il stimule la sympathie et la gentillesse. Il fait naître le penchant amoureux et l'attraction sexuelle. Il attise la séduction en développant le charme et le magnétisme. Il accroît l'élégance et la sensibilité. Il apporte l'harmonie dans le couple et embellit les relations amoureuses. Si vous souhaitez le retour d'une personne aimée, il lui transmet vos sentiments et toute l'intensité de votre amour, mais sans intention dominatrice.

Psychique

Puella favorise la compréhension et la fusion avec les éléments de la nature. Il développe le sens esthétique et le respect du cadre de vie. Il ouvre la réceptivité et favorise une meilleure pénétration énergétique. Il facilite ainsi la charge et la recharge des forces nécessaires aux diverses activités dans le domaine psychique.

Spirituel

Puella est aussi la beauté spirituelle, le recueillement, la méditation, la facilité de concentration et l'accès aux niveaux de conscience élevés. Il favorise les études métaphysiques, philosophiques ou religieuses. Il permet de ressentir et de réaliser les merveilles et les richesses de la voie spirituelle.

N° 9 : Caput Draconis **

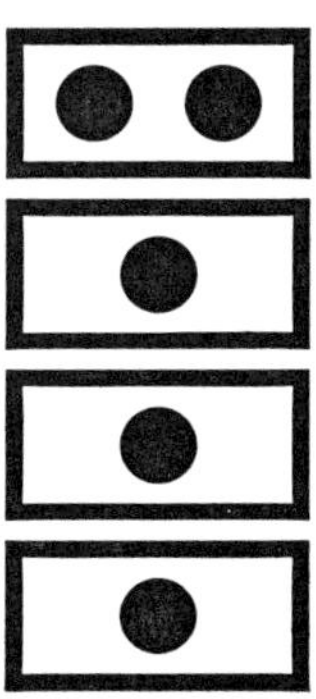

Il représente les forces constructives, le comportement habile et judicieux. Il est un symbole d'évolution et de progrès. Il fait avancer dans le bon sens et permet d'atteindre un but déterminé. Il donne la clarté, la précision et l'esprit d'analyse. Il apporte la persuasion et la maîtrise en toute occasion.

Santé

Son influence s'exerce pour les organes féminins, le haut du ventre, le foie, la colonne vertébrale, les yeux, le larynx et le système nerveux. Il permet de bénéficier des remèdes et des traitements efficaces. Il donne une bonne impulsion aux régimes et aux cures de désintoxication. Il favorise la reprise en mains de sa santé et de sa condition physique.

Matériel

L'influence avisée de Caput Draconis permet de favoriser les spéculations et les placements. On trouve grâce à lui le conseil utile ou le conseiller compétent et efficace qui aide à gérer les affaires et les transactions.

Professionnel

Caput Draconis influence les occupations effectuées en altitude : alpinisme ou aviation. Il agit dans les domaines de progrès comme la recherche, l'invention ou le bricolage. Il aide aussi les hommes de science, les gens de lettres, les journalistes, les conseillers juridiques, les gens de loi, les enseignants. Il exerce son influence au profit des professsions de transmission et de transport : routiers, mécaniciens, voyageurs, aviateurs, cheminots, messagers, postiers, facteurs, employés des télécoms. Il soutient la recherche d'emploi et aide à trouver les aides et les idées utiles pour parvenir à son objectif.

Affectif

Dans ce domaine, Caput Draconis exerce surtout une influence stabilisatrice et aide à ne pas se tromper ou se fourvoyer dans une relation amoureuse sans lendemain. Il permet d'adopter l'attitude correcte dans les relations de couple et d'éviter les affrontements et les accrochages inutiles et perturbants.

Psychisme

Caput Draconis développe les possibilités de perception et les facultés concomitantes. Il favorise la rencontre avec des enseignants correspondant avec son niveau et ses besoins. Il assure une bonne évolution dans la pratique d'une discipline et facilite les progrès au fur et à mesure des étapes à franchir. Il aide les étudiants et les enseignants.

Spirituel

Caput Draconis favorise l'évolution spirituelle, pour soi-même et pour les autres. Il permet de trouver les bons maîtres ou les bons disciples. Il guide et conduit vers la voie spirituelle convenant le mieux à la réalisation des progrès. Il fait rencontrer les personnes qui apportent les conseils et les indications utiles pour avancer sans embûche insurmontable.

*N° 10 : Conjunctio ***

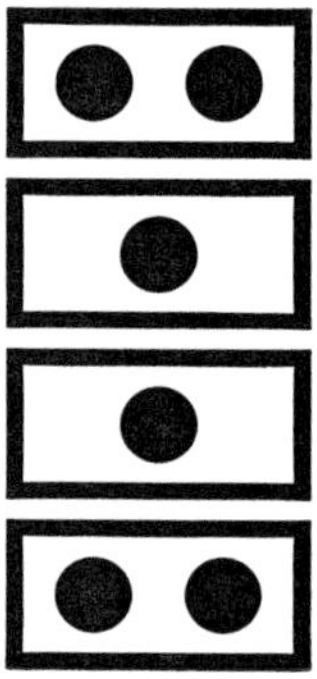

C'est la voie ouverte et accessible à tout. Conjunctio est le lien entre la Terre et le Ciel. Il favorise les points de convergence, et par là même l'entente et l'union. Il est le symbole de la chance et de la providence. Il accorde généreusement les faveurs du destin.

Santé

Son influence s'exerce pour le cerveau, la mémoire, le mental, les mains, les doigts, les jambes et la poitrine. Il peut aider à traiter les maladies psychosomatiques et favorise le rééquilibrage des fonctions essentielles perturbées.

Matériel

Conjunctio aide à maintenir ou à trouver un certain équilibre dans la gestion des finances, mais sa vocation n'est en aucun cas de faire réaliser de substantiels bénéfices.

Professionnel

Conjunctio concerne les gens de lettres et les diplomates, mais aussi tous les métiers de contact et de négociation. Il favorise les activités conciliatrices et développe la tolérance : prêtres, membres des organisations humanitaires et associations de défense des droits de l'homme, artistes en contact avec le public, parapsychologues, occultistes, mages, astrologues, devins, géomanciens, radiesthésistes, médiums et voyants.

Affectif

Conjunctio favorise l'expression des sentiments et donc les déclarations d'amour et les demandes en mariage. Il facilitera la communication dans le couple, entre les membres de la famille et dans les relations amicales. Il permet d'exprimer la tendresse et incite aux échanges amoureux. Il libère des complexes. Il assure le rapprochement avec l'être aimé. Il facilite les rencontres et les retours.

Psychique

Conjunctio est la figure psychique par excellence, lien entre les énergies cosmique et tellurique. Toute personne se plaçant sous son influence voit son potentiel énergétique et ses capacités psychiques se développer et progresser. S'il fallait en choisir un seul, ce serait celui-là. Il facilite l'accès au monde astral, au subconscient, au surnaturel et au supranormal. Il favorise les rêves, les prémonitions, la clairvoyance, la clairaudience, les visions et la transcommunication en fonction des capacités naturelles de chacun.

Spirituel

Conjunctio contient en lui toutes les forces spirituelles dominant les forces matérielles. Il facilite la méditation, la contemplation et le recueillement. Il accorde la modération et la tempérance. Il suscite la piété, la dévotion, la foi et la religion. Il rend possible l'accomplissement d'un idéal. Il amène à la naissance spirituelle et à l'amour du divin. Il peut, en finalité et pour les plus évolués, réaliser la fusion avec le grand tout et la libération finale.

N° 14 : Albus **

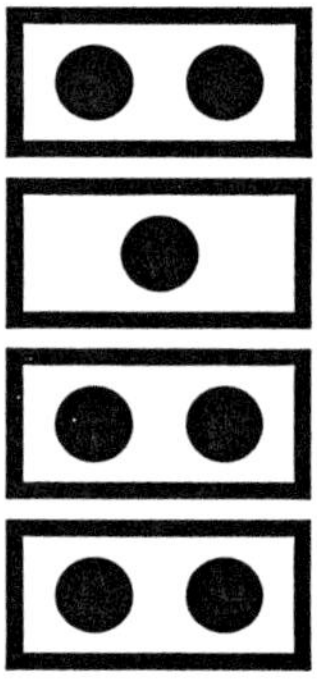

Albus représente essentiellement la passivité, la stabilité, la quiétude et la tranquilité. Il agit en dominant et en maîtrisant les passions. Il est le calme et le repos. Dans l'action, il est judicieux, prudent et réfléchi. Il agit au bon moment et sait attendre sans s'impatienter.

Santé

Son influence s'exerce pour les yeux, les organes internes, les amygdales, les glandes surrénales et les veines. Son action est essentiellement régulatrice et apaisante. Elle favorise le repos et le sommeil. Elle apporte le calme et la patience nécessaires aux convalescents et à ceux qui ont un traitement à long terme ou qui demande une immobilisation prolongée.

Matériel

Albus favorise la finance et les spéculations. Il facilite les négociations et les transactions et permet de trouver les solutions les plus adéquates pour réaliser de bonnes affaires et tirer son épingle du jeu.

Professionnel

Albus concerne les professionnels liés à la finance : banquiers, percepteurs, commerçants détaillants, négociateurs, médiateurs, gens de loi, secrétaires, éditeurs, changeurs, diplomates, marchands d'œuvres d'art, penseurs et philosophes. Il aide à saisir les bonnes occasions dans l'exercice de ses fonctions ou dans la recherche d'un emploi.

Affectif

Albus a pour influence dominante la maîtrise des passions. Il a aussi une action conciliante et passive. Il est idéal pour apprendre à accepter une situation dépendante ou pour harmoniser une relation difficile. Il empêche les débordements amoureux et passionnés, il favorise les relations paisibles, sans heurt mais sans fantaisie.

Psychique

Albus joue surtout un rôle purificateur destiné à effacer les traces et les effets de toute pollution psychique. Il aide à faire disparaître les obsessions et les mauvaises influences. Il ne développe pas les facultés mais contribue beaucoup à les assainir.

Spirituel

Albus favorise le développement de la pureté spirituelle et de la paix intérieure. Il rend la sérénité aux personnes impatientes et désireuses d'accéder rapidement à des réalisations de grande envergure. Il éteind les passions dévorantes et pernicieuses. Il fait aussi disparaître les derniers obstacles à l'évolution individuelle. Il soutiend dans sa démarche le pénitent, l'ascète ou l'ermite.

*N° 8 : Laetitia ****

Laetitia représente la satisfaction et la joie. Elle protège le déroulement des actions entreprises, elle apporte la chance et les faveurs. Elle est le symbole de la sécurité, du bien-être et de la quiétude. Elle conduit au succès dans toutes les entreprises.

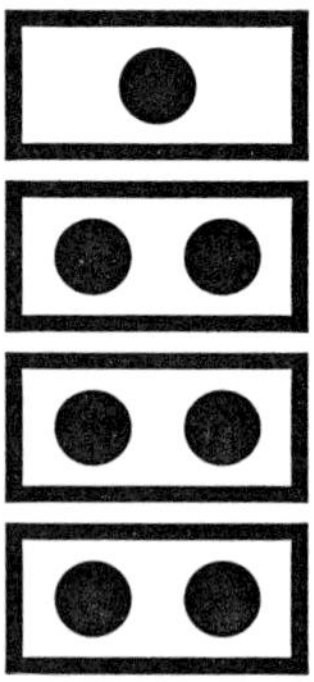

Santé

Son influence s'exerce pour le ventre, les poumons, les côtes, les cartilages, les artères et les organes génitaux. Elle a une action protectrice et immunitaire. Elle optimise la lutte contre les virus et les affections transmissibles.

Matériel

Laetitia favorise les donations et la venue de biens matériels de façon providentielle. Elle permet de recevoir de l'aide et apporte l'aisance et le bien-être. On l'utilise pour obtenir des délais de paiement auprès de ses créanciers, voire même la remise ou l'acquitement de ses dettes. Elle permet de jouir d'une vie opulente. Elle apporte la chance à tous ceux qui en ont manqué jusqu'ici.

Professionnel

Laetitia influence les professionnels du spectacle et des réjouissances : producteurs viticoles et de denrées alimentaires, fabricants de bonbons, biscuits, chocolats, pâtissiers, confiseurs, restaurateurs et affiliés, employés de ces différents secteurs d'activité. Elle provoque leur promotion et entretient leur plaisir de travailler. Elle favorise la recherche d'emploi dans ces secteurs.

Affectif

Laetitia représente l'amour dans la joie et le plaisir, sans restriction. Elle favorise les rencontres dans les lieux de plaisir et de détente. Elle apporte volupté et jouissance. Elle est essentiellement physique et sexuelle. Elle stimule la fantaisie dans le couple et réveille les ardeurs endormies. En famille et entre amis, elle incite à la fête et à l'amusement. Mais il ne faut pas lui demander de la profondeur dans les relations.

Psychique

Laetitia communique un sentiment de bien-être et de joie. Elle donne la force psychique qui permet de supporter les difficultés de la vie et les pressions de toutes sortes. Elle favorise l'hermétisme, la magie blanche et l'occultisme.

Spirituel

Dans ce domaine, elle a plutôt une action moralisatrice et altruiste. Elle développe la bienveillance, la compassion et la miséricorde. Elle favorise le dévouement, la philanthropie, le désintéressement et la bienfaisance. Elle permet d'obtenir l'absolution et la bénédiction. Elle donne le plaisir et l'acceptation de son évolution.

*N° 11 : Acquisitio ****

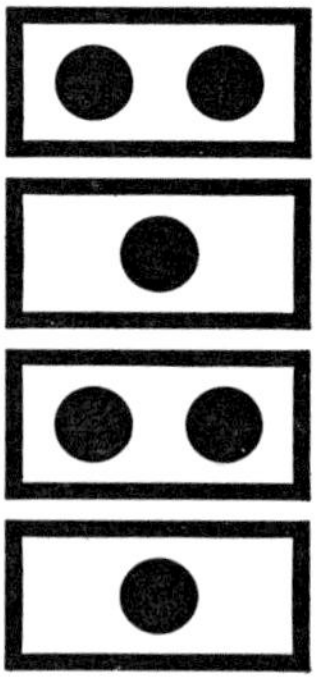

C'est le symbole de la croissance et du développement dans tous les domaines et pour toutes les énergies : physique, morale, psychique et spirituelle. Il annonce un renouveau, des gains, le succès dans les études ou les promotions. Il est éminemment bénéfique.

Santé

Son influence s'exerce pour le ventre, le foie, les mâchoires, la vésicule biliaire, la circulation artérielle et les graisses. Il favorise la croissance des enfants et leur donne du tonus et de l'énergie pour se développer. Il peut aider à réussir un régime ou faciliter l'assimilation et l'élimination dans le cas d'une alimentation trop riche.

Matériel

Acquisitio influence positivement les gains de toutes sortes. Il représente l'accroissement des richesses et de la fortune. Il favorise les spéculations, les placements, les acquisitions, les ventes et les transactions.

Professionnel

Acquisitio se rapporte davantage aux activités intellectuelles et aide les dirigeants et les chefs d'entreprise. Il concerne aussi les scientifiques, les savants et les chercheurs et ceux dont la tâche est de bâtir comme les architectes, les maçons et tous les métiers du bâtiments. On l'utilise encore pour les professions liées à l'argent : banquiers et employés de banque, courtiers, cambistes. Il appuie les demandes de promotion ou d'augmentation. Il assure la réussite professionnelle et facilite la recherche d'emploi.

Affectif

Dans ce domaine, Acquisitio représente plutôt la froideur et la continence... Il est incapable, dans ces conditions, d'agir positivement dans le domaine sentimental ou la sexualité. Tout au plus pourra-t-il garantir la fidélité dans le couple, mais avec une certaine austérité et sans grande tendresse. Pas de rencontre ni d'aventure à attendre de lui...

Psychique

Acquisitio favorise l'accroissement et le développement des capacités et des facultés psychiques, l'épanouissement des énergies intérieures et l'acquisition des connaissances cachées. Il permet de percer les secrets de l'occulte et d'accéder au pouvoir ésotérique. Les parapsychologues et les personnes dotées de facultés paranormales l'utilisent pour accroître ou maintenir leurs dons.

Spirituel

Grâce à son influence bénéfique, Acquisitio permet de progresser dans la voie spirituelle et même d'en maîtriser la conception et le cheminement en concevant des règles ou des dogmes nouveaux. Le chemin de la connaissance et sa compréhension sont largement ouverts grâce à son influence positive. Il conduit et anime les grands inspirés, les mystiques, les prophètes et les missionnés.

*N° 13 : Fortuna Major ****

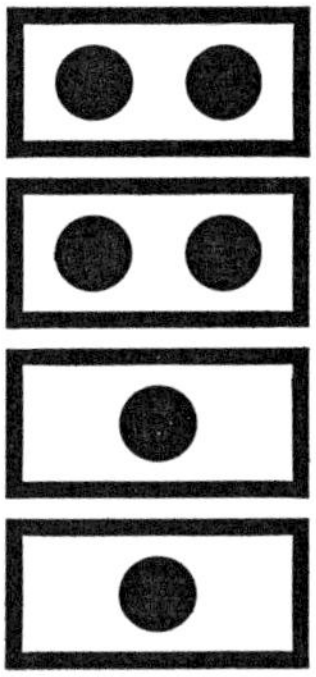

Elle représente presque exclusivement la réussite et l'obtention de biens matériels provenant des héritages ou de circonstances exceptionnellement favorables. Très bénéfique, elle est un facteur de chance et de succès.

Santé

Son influence s'exerce pour le cou, la gorge, l'œil droit de l'homme, l'œil gauche de la femme, le cœur, le cerveau et les nerfs. Ses effets seront surtout magnétiques et régénérant. Elle apporte la chaleur et le bien-être dans ces parties du corps où elle fait mieux circuler l'énergie vitale.

Matériel

Fortuna Major est le symbole bénéfique par excellence pour tout ce qui concerne les domaines matériels. Elle permet de viser haut. Elle favorise les placements et les spéculations, mais aussi les transactions, les achats et les ventes. Elle fait intervenir le facteur chance. Elle apporte la prospérité, le confort, l'aisance voire l'opulence. Elle fait bénéficier de dons, de legs ou d'héritages. Elle donne tous les avantages et tous les profits.

Professionnel

Fortuna Major concerne les commerces de gros, les grandes puissances et tout ce qui a un rang social élevé : personnages de haut rang, nobles et hauts dignitaires de l'église, industriels et négociants internationaux. Au commun des mortels, elle apporte une amélioration de sa condition et la réalisation de ses espoirs professionnels secrets, proportionnellement à sa position. Elle favorise la recherche d'emploi dans les domaines d'activité mentionnés plus haut. Elle permet de briller et de réussir dans son milieu professionnel.

Affectif

Fortuna Major est la figure idéale du bonheur et de l'entente sentimentale. Elle donne la force de la passion durable et favorise une évolution satisfaisante dans toutes les relations. Elle apporte la chaleur dans le couple, la famille et l'entourage amical. Elle développe le charisme et le magnétisme attractif. Elle rend chaleureux et suscite la sympathie.

Psychique

Fortuna Major est surtout favorable à la concrétisation des disciplines psychiques. Elle donne une force décuplée pour l'accomplissement des exercices, elle concrétise les effets pratiques. Elle est très utile aux pratiquants des arts martiaux et aux occultistes.

Spirituel

Fortuna Major favorise l'extension d'une église ou d'une communauté, elle permet d'obtenir le soutien nécessaire au développement d'une idéologie. Elle aura donc un effet collectif et non individuel, sauf s'il s'agit d'une personne responsable d'un groupe spirituel et dont l'objectif est la diffusion de l'enseignement de son église et son extension.

Exemple pratique

Objectif : *Recherche d'un emploi dans le bâtiment pour un chômeur de longue durée commençant à éprouver de sérieuses difficultés financières*

- On utilise une pyramide *rouge*.
- On examine les définitions des influences dans le domaine professionnel et on choisit la figure géomantique concernant la profession visée, dans ce cas le bâtiment.
- On définit le résultat à atteindre : surmonter le handicap d'une longue inactivité.

• On précise le moyen d'atteindre l'objectif : combattre la méfiance et les préjugés des éventuels employeurs.

• On adopte une attitude réaliste en gardant à l'esprit que la concurrence est nombreuse et le marché du travail très encombré.

• On sélectionne les symboles géomantiques :
Fortuna minor (concerne le bâtiment)
Caput draconis (offre aide et soutien)
Albus (donne le sens de l'opportunisme)
Acquisitio (facilite la recherche)

• On reproduit les symboles géomantiques sur de petites feuilles de papier.

• On épingle les feuilles les unes sur les autres au milieu du *point focal solaire.*

• On les oriente en dirigeant le haut de la feuille vers l'*est.*

• On laisse à la pyramide le temps d'agir !

LES SYMBOLES RUNIQUES

Les Runes sont définies par J.-P. Ronecker comme un " ancien alphabet magique et sacré des peuples germano-scandinaves " dont chacune « *agit sur l'environnement car elle est dépositaire d'une énergie subtile* ». Chaque rune est dépositaire d'un secret, d'un message mystérieux concernant les lois du monde, un peu comme les arcanes du tarot. C'est Odin, l'ordonnateur du monde et le chef du Walhalla, qui est le premier investi de la sagesse des runes et la transmet aux autres dieux et aux hommes.

La définition magique des runes

Les Runes servaient de protection aux soldats qui les gravaient ou les dessinaient sur leurs épées, elles étaient communément portées en bague ou en amulette de pierre ou de métal. Elles protégeaient également les navires, gravées sur les rames et le gouvernail. Dans la vie courante, elles étaient utilisées pour se préserver de l'adultère ou servaient de remède contre toutes sortes de maladies grâce au simple fait de les porter.

Il y avait les runes de Victoire qui vous rendaient le plus fort dans une bataille, les runes de Délivrance qui facilitaient l'accouchement, les runes du Feu pour le salut en mer. D'autres servaient à stimuler la fertilité, à régler le temps, à lancer la malédiction ou à s'en protéger. On leur accordait aussi le pouvoir de changer un humain en loup-garou ou de ressusciter les morts.[1]

Les Runes sont au nombre de vingt-cinq :

1 - Feoh (Richesse) ***
2 - Ur (Force intérieure) ***
3 - Thorn (Protection) **
4 - Os (Sagesse) **
5 - Rad (Roue du Destin) **
6 - Ken (Lumière, Espérance)**
7 - Gyfu (Don) **
8 - Wynn (Joie, Bonheur)**
9 - Hagel (Vent)
10 - Nyd (Besoin)
11 - Is (Glace)
12 - Gar (Terre)
13 - Eoh (Mort)
14 - Peorth (Fête) *
15 - Eolh (Avertissement)
16 - Sigel (Soleil) ***
17 - Tyr (Force) **
18 - Beorc (Croissance) **
19 - Eh (Changement)
20 - Man (Homme)
21 - Lagu (Eau)
22 - Ing (Accomplissement) *
23 - Daeg (Ambition) *
24 - Odal (Héritage) *
25 - Wyrd (Rune blanche)

[1] Pour plus d'informations sur les runes : signification, pratique et sens divinatoire, consultez l'*ABC des Runes* de J.-P. Ronecker, même éditeur.

Sur ces vingt-cinq figures runiques, nous n'en retiendrons que quinze dont l'influence peut être très bénéfique (***), moyennement bénéfique (**) ou simplement utile (*).

*N° 14 : Peorth**

Peorth a un sens de fête, de joie, de musique, de célébration, de cycle, d'initiation, de commencement, d'inattendu ou de chance inespérée.

Santé

Peorth n'a pas d'influence dans ce domaine

Matériel

Elle peut favoriser les coups de chance et même être utilisée pour le jeu ou les spéculations à court terme.

Professionnel

Elle concerne toutes les professions liées à la restauration, la musique et la fête. Elle peut aussi favoriser une promotion. Si vous êtes en attente d'une réponse lors d'une recherche d'emploi, elle fait pencher les choses dans le bon sens.

Affectif

Peorth est la rune de la fête et des retrouvailles. Elle favorise les nouvelles rencontres.

Psychique

Elle aide à jouir du moment présent et permet de réfléchir sur les activités conscientes et inconscientes. Elle aide à maîtriser l'énergie à tous les niveaux et pour toutes les disciplines.

Spirituel

Elle provoque la rencontre et l'intervention d'un maître au moment le plus propice et pour la plus grande édification d'un postulant sur la voie spirituelle.

*N° 22 : Ing **

Ing représente le cycle parvenu à son terme, la finalité. C'est l'aboutissement d'une action ou d'une situation. Cette rune permet de profiter d'un résultat ou d'un revenu.

Santé

Ing est l'aboutissement heureux d'un traitement médical ou le maintien en bonne santé.

Matériel

Ing permet d'accélérer les rentrées d'argent. Elle est aussi la conclusion profitable des affaires ou des placements. Elle favorise le jeu.

Professionnel

Elle ne concerne aucune profession en particulier mais favorise dans tous les cas les gains, les bénéfices ou l'obtention d'un contrat professionnel avantageux.

Affectif

Ing apporte de bonnes solutions à un conflit amoureux. Elle favorise la réharmonisation du couple. Elle permet que les démarches ou les travaux d'approches aboutissent favorablement.

Psychique

Ing aide à se restructurer et à se ressourcer en vue d'accéder à un niveau psychique supérieur.

Spirituel

Ing permet de se retrouver et de se recentrer dans sa démarche et dans sa recherche. Elle est d'une assistance indispensable pour franchir une nouvelle étape.

*N° 23 : Daeg **

Daeg représente l'ambition satisfaite et le projet réalisé. Elle concerne surtout le domaine matériel et concret. Elle favorise les changements.

Santé

Elle se contente de maintenir en forme.

Matériel

Elle est excellente pour spéculer ou provoquer un bon résultat inattendu. Elle apporte la prospérité dans les affaires, mais seulement par à-coup. Il ne faut pas compter sur elle pour le long terme.

Professionnel

Elle sert vos ambitions en les rendant possibles et réalisables lorsqu'elles ne sont pas dans la logique des choses. Pour la recherche d'emploi, elle fait intervenir la chance.

Affectif

Elle crée l'effet de surprise, provoque la rencontre inattendue et heureuse. Elle favorise le destin bénéfique. Elle agit aussi positivement dans le milieu familial et amical.

Psychique

Daeg représente le renouvellement des forces psychiques qui nécessitent un changement d'orientation et l'abandon de pratiques ou de disciplines anciennes devenues inopérantes.

Spirituel

Elle n'a pas d'influence très favorable dans ce domaine.

*N° 24 : Odal **

Odal représente l'héritage matériel ou spirituel, le fruit de l'expérience. Cette rune aide à utiliser les acquis du passé et à les rendre opérationnels dans le moment présent.

Santé.

Elle est sans influence dans ce domaine

Matériel

Odal concerne à la fois les héritages, les cadeaux et les transactions immobilières d'achat ou de vente. Elle favorise les rentrées d'argent.

Professionnel

Odal exerce surtout son influence dans le domaine intellectuel. Elle intéresse les étudiants, les postulants à un emploi ou à de l'avancement par voie de concours et d'examens.

Affectif

Odal est bénéfique au couple et à la famille, stabilise les relations et rend les rapports plus affectueux. Elle n'apporte rien aux nouvelles rencontres.

Psychique

Odal stimule la persévérance dans la pratique de

disciplines anciennes ou entreprises depuis fort longtemps. Elle maintient dans la tradition. Elle ne peut pas aider à innover.

Spirituel

Odal apporte la lueur libératrice et annonciatrice du but enfin accessible. Elle permet de voir le bout du tunnel. Elle éclaire le chemin parcouru. Elle conduit les démarches spirituelles vers leur aboutissement.

N° 3 : Thorn **

Thorn représente la projection de la force active avec un peu d'agressivité. Elle aide à surmonter toutes les difficultés avec vigueur et détermination.

Santé

Thorn n'exerce pas d'influence bénéfique.

Matériel

Thorn protège toutes vos initiatives et vos démarches dans ce domaine. Elle fait évoluer favorablement une situation financière difficile.

Professionnel

Elle apporte le courage et la détermination

nécessaires pour avancer dans toutes les professions et affronter toutes les situations délicates de recherche d'emploi ou de demande de promotion.

Affectif

Elle n'a pas d'influence déterminante en amour et amitié.

Psychique

Thorn aide à développer la force indispensable pour résister au découragement et persévérer dans l'exercice des pratiques occultes. Elle évite toute faiblesse préjudiciable.

Spirituel

Thorn n'élimine pas les difficultés mais elle permet de les affronter et d'en ressortir grandi et renforcé spirituellement. Elle prépare, en outre, aux épreuves futures.

*N° 4 : Os***

Os représente la sagesse et la protection qui vient d'en haut. Cette rune est extrêmement bénéfique lorsqu'il s'agit d'aider celui qui l'utilise à prendre une décision juste et appropriée.

Santé

Os contribue à prolonger la vie et à résister aux maladies de toutes sortes.

Matériel

Os intervient positivement dans les transactions ou les placements à long terme et leur donne une conclusion heureuse. Financièrement, elle favorise la bonne évolution matérielle.

Professionnel

Os concerne tous les professionnels du conseil : avocat, notaire, banquier, comptable... Elle favorise la carrière des gens possédant une longue expérience. Elle les aide à obtenir une promotion ou un nouvel emploi en rapport avec leurs capacités.

Affectif

Os favorise la communication dans le couple, mais aussi dans la famille et entre amis. Elle travaille les sentiments en profondeur.

Psychique

Os aide les voyants, médiums et parapsychologues à développer ou maintenir leurs facultés à un niveau permettant l'exercice de leur art.

Spirituel

Os donne le sens de l'écoute et favorise l'assimilation de la connaissance et de la sagesse. Elle développe la modestie et l'humilité. Elle permet d'éprouver le respect des autres et élimine le sentiment de supériorité. Elle élève la pensée au niveau du divin.

*N° 5 : Rad ***

Rad représente la roue du destin en marche, le mouvement universel et toutes ses implications dans la vie courante. Cette rune agit surtout sur les domaines d'ordre matériel ou physique. Son influence est bénéfique du moment qu'on en accepte les effets.

Santé

Rad n'agit pas dans les domaines de la santé.

Matériel

Rad favorise les transactions mais pas les placements. Elle apporte des liquidités de manière inattendue.

Professionnel

Rad influe positivement sur les professions du voyage ou bien celles qui nécessitent beaucoup de déplacements. Cette rune favorise aussi la recherche d'un emploi fixe dans ces domaines.

Affectif

Rad provoque les rencontres au cours des voyages ou des déplacements. Elle est également favorable à la création de nouvelles amitiés.

Psychique

Rad stimule l'esprit d'indépendance et l'originalité. Elle développe l'ouverture d'esprit et la disponibilité. Elle permet de se lancer dans de nouvelles expériences.

Spirituel

Rad agit sur le destin terrestre de chacun, elle permet d'y faire face, de l'accepter et de le supporter. En ce sens, elle aide à développer la recherche spirituelle mais n'a pas d'effet direct sur elle.

*N° 6 : Ken ***

La rune Ken représente la lumière et l'espérance. Elle accorde les éclaircissements nécessaires pour résoudre les situations troubles ou obscures. Elle favorise aussi les réalisations exceptionnelles et inattendues.

Santé

Ken accorde la vitalité et maintient en bonne santé.

Matériel

Ken permet la bonne gestion des affaires et des finances. Elle est plus appropriée aux placements à long terme qu'à court terme. Elle donne un " coup de fouet " aux affaires et procure une bonne sûreté de jugement.

Professionnel

Ken concerne avant tout les artistes et les professions reliées aux domaines artistiques. Elle favorise aussi la précision dans les démarches et les entreprises. Elle aide à obtenir satisfaction lorsqu'on recherche un emploi.

Affectif

Ken favorise les nouvelles rencontres, mais aussi le développement harmonieux des relations existantes. Elle stimule l'ardeur amoureuse dans le couple.

Psychique

Ken influence positivement la clarté d'esprit et la capacité d'analyse pour le développement et la pratique des activités psychiques. Elle permet ainsi d'avancer et de s'améliorer dans ce domaine.

Spirituel

Ken provoque l'illumination partielle ou complète du postulant qui entreprend une démarche spirituelle. Elle éclaire le chemin entrepris et celui qui reste à parcourir. Mais elle donne obligation à ceux qui sollicitent Ken de venir en aide à ceux, spirituellement moins avancés, qui se trouvent sur leur route.

N° 7 : Gyfu **

Gyfu représente le don sous toutes ses formes, en nature ou en action. Il est aussi le vrai don de soi qui peut aller jusqu'au sacrifice.

Santé

Gyfu apporte la forme physique qui permet d'aller au bout de l'effort, l'équilibre et la stabilité.

Matériel

Gyfu favorise les rentrées d'argent inattendues, les dons ou les legs. Par contre, elle n'a aucune influence sur les actions personnelles visant à améliorer la vie matérielle.

Professionnel

Gyfu concerne toutes les activités de groupe.

Elle intéresse aussi les responsables ou créateurs d'entreprise, fondateurs d'association ou animateurs d'un quelconque secteur d'activité.

Affectif

Gyfu permet d'apprendre à se tourner vers l'autre, à prendre ses désirs et ses besoins en compte. Elle favorise les rencontres et les retrouvailles.

Psychique

Gyfu développe les énergies de communication comme le magnétisme et l'occultisme. Elle favorise l'enseignement des disciplines psychiques.

Spirituel

Gyfu concerne essentiellement l'esprit de sacrifice, l'altruisme et l'action humanitaire. Elle engendre l'oubli de soi au profit des autres. Elle permet de trancher la question de sa propre importance.

*N° 8 : Wynn ***

Wynn est synonyme de joie et de bonheur. Cette rune est extrêmement favorable dans tous les domaines de l'activité humaine.

Santé

Wynn est la bonne santé et la bonne humeur, donc le dynamisme et l'entrain.

Matériel

Wynn favorise les placements et les spéculations. Toutes les transactions sont faites sous de bons aspects grâce à elle. Elle rend les affaires florissantes et prospères. Il peut même s'y ajouter une notion de prestige.

Professionnel

Wynn apporte de grandes satisfactions dans le cadre professionnel. Les recherches d'emploi sont très favorisées par son action.

Affectif

Wynn est la rune du bonheur. Elle favorise les rencontres et les histoires d'amour romantiques et passionnées. Elle établit des relations harmonieuses dans le couple, la famille ou les amis.

Psychique

Wynn rend chaleureux en engendrant un rayonnement intérieur. Mais cet effet n'est pas permanent, aussi ne faut-il pas en abuser.

Spirituel

Wynn agit dans les domaines de la joie et du bonheur terrestres, mais elle n'a pas de corrolaire dans le domaine spirituel. Elle permet seulement de prendre conscience de l'aspect éphémère de la jouissance et du bonheur dans ce monde. Elle apprend à ne pas s'attacher et à développer l'équanimité.

*N° 17 : Tyr ***

Tyr représente la force, la vigueur et la virilité. Cette rune est le symbole du succès dans toutes les entreprises. Elle apporte la ténacité, la persévérance, la maîtrise de soi et la tempérance.

Santé

Tyr garantit une bonne santé ou une bonne résistance en général.

Matériel

Elle peut intervenir dans les projets à long terme. Elle apporte la stabilité et la solidité financières. Elle agit en profondeur et dans le temps.

Professionnel

Tyr permet de se lancer dans la réalisation de projets d'envergure et de longue haleine. Elle concerne d'avantage la création d'une entreprise et d'un emploi libéral ou artisanal.

Affectif

Tyr représente la durée des relations et des sentiments. Elle assure la fidélité, préserve de la jalousie et des tromperies. Elle est favorable à la famille et aux bonnes relations amicales.

Psychique

Tyr développe à la fois les aspects de fermeté et de douceur. Elle renforce ainsi les psychismes fragilisés et conforte les psychismes stables en les mettant à l'abri des influences déstabilisatrices.

Spirituel

Tyr renforce la foi des postulants à une démarche spirituelle en favorisant le développement des sentiments profonds enfouis dans leur cœur.

N° 18 : Beorc **

Beorc représente la croissance. Cette rune stimule le début favorable de toute nouvelle action ou situation. Ses aspects sont particulièrement bénéfiques.

Santé

Elle exerce une influence positive sur les organes reproducteurs et favorise les grossesses et les accouchements.

Matériel

Elle protège le domaine financier, les spéculations et les placements. Elle promet de bonnes affaires et favorise l'enrichissement personnel.

Professionnel

Beorc protège tous les changements professionnels. Elle permet d'envisager de nouvelles perspectives d'emploi ou de carrière. Elle aide donc puissamment à trouver un emploi.

Affectif

Elle permet de consolider un couple et favorise la conclusion heureuse d'un mariage ou d'une union même non officialisée. Elle stimule aussi la sexualité.

Psychique

Beorc assure le développement harmonieux de toute activité psychique. Elle favorise la croissance et l'évolution qui s'expriment par des résultats concrets.

Spirituel

Beorc accompagne le cheminement spirituel au travers de l'activité et du plaisir des sens. Elle apporte compréhension, indulgence et réalisme.

N° 1 : Feoh ***

Feoh représente la richesse matérielle ou spirituelle. L'influence de cette rune marque le début d'une grande amélioration. Elle accompagne très favorablement un nouveau projet ou une nouvelle entreprise.

Santé.

Feoh assure la protection de la santé.

Matériel

Elle apporte la prospérité proportionnellement aux moyens dont on dispose et à condition de ne pas agir seul : elle favorise les projets et les réalisations en groupe ou en association.

Professionnel

Elle favorise les activités nouvelles ou naissantes. Elle stimule une croissance exceptionnelle. Elle favorise les mutations et les promotions. Elle permet d'obtenir de bons résultats dans la recherche d'un emploi.

Affectif

Feoh représente la fécondité. On peut donc l'utiliser pour obtenir ou faciliter une grossesse et la naissance d'un enfant. Elle stimule aussi les nouvelles relations et les rencontres.

Psychique

Feoh est l'énergie printanière, l'impulsion et l'éclair créateur. Elle favorise toutes les activités destinées à donner un élan nouveau dans la pratique d'une discipline.

Spirituel

Feoh aide à se lancer dans une démarche spirituelle. Elle soutient et accorde la force morale nécessaire pour avancer en terrain inconnu. Elle permet de s'engager à un niveau supérieur, mais elle exige qu'on partage son savoir et qu'on aide les autres.

N° 2 : Ur ***

Ur représente la force intérieure. C'est une rune qui favorise la motivation individuelle. Elle agit dans les domaines social et professionnel où elle stimule l' expansion et l'ascension.

Santé.

Ur est efficace pour affermir la solidité physique.

Matériel

Ur aide les initiatives personnelles. Elle favorise les spéculations et les placements. Les transactions et les affaires connaissent grâce à elle une très bonne expansion.

Professionnel

Ur est la rune de la carrière et des promotions. Elle favorise également l'élévation sociale. Elle protège efficacement les projets. Elle accorde les appuis importants qui faciliteront la recherche d'emploi.

Affectif

Ur augmente la séduction et la puissance sexuelle. Elle provoque l'attirance et favorise les aventures passionnées. Bien sûr, tout cela est éphémère et satisfait simplement au désir de conquête.

Psychique

Ur est la rune magnétique par excellence. Elle s'adresse plus particulièrement aux radiesthésistes, aux guérisseurs et aux rebouteux.

Spirituel

Ur protège le cheminement individuel et favorise les démarches personnelles destinées à trouver sa vérité. Elle fait émerger la révélation de la voie dans laquelle on doit s'engager.

N° 16 : Sigel ***

Sigel représente la force vitale, le progrès et le développement harmonieux dans tous les domaines. C'est la rune bénéfique par excellence.

Santé

Sigel redonne la vigueur aux personnes fatiguées ou affaiblies.

Matériel

Sigel apporte un dynamisme exceptionnel aux finances. Les placements et les spéculations offrent des résultats très avantageux. Elle entraîne l'abondance, proportionnellement à ses moyens.

Professionnel

Sigel est la rune de l'avancement et des résultats brillants. Elle favorise la réussite et la promotion. Elle permet également de bonnes relations de travail avec ses supérieurs, ses collègues, ses fournisseurs, ses clients...

Affectif

Sigel c'est aussi la réussite du couple. Elle ouvre les perspectives de bonheur dans le mariage. Toutes les relations familiales ou amicales sont protégées grâce à son influence.

Psychique

Sigel apporte un potentiel énergétique important qu'il faut gérer judicieusement pour ne pas se sentir survolté et risquer la saturation.

Spirituel

Sigel est la force vitale solaire mais, à elle seule, elle ne peut suffire pour l'avancement dans la voie spirituelle. Elle doit être associée à Ur pour que se réalise la fusion spirituelle génératrice de progrès.

Exemple pratique

***Objectif** : Rompre une longue période de solitude et attirer l'attention d'une personne en vue de se marier*

• On choisit une pyramide ***rouge***.

• On décide d'abord si l'on veut une relation passagère ou durable : dans le cas-ci, il s'agit de se marier.

• On évoque les étapes qui conduisent à l'objectif : rompre son isolement, créer l'occasion d'une rencontre.

• On choisit le moyen de parvenir à l'objectif : favoriser la rencontre au cours d'un voyage qu'on va faire bientôt.

• On choisit les symboles runique qui correspondent à la situation :

Peorth (favorise les nouvelles rencontres)
Ing (aide à aboutir)
Rad (provoque les rencontres en voyage)
Wynn (fait naître l'amour passion)
Tyr (engendre l'amour durable)
Beorc (entraîne le mariage)

• On reproduit les runes sur de petites feuilles qu'on épingle les unes sur les autres sur le ***point focal solaire***.

• On les oriente en plaçant le haut des runes dans la direction de l'***est***.

• On laisse le temps à la pyramide de produire son effet !

Objectif *: Rompre sa solitude grâce à une aventure agréable*

• La démarche est identique mais on choisira des runes mieux adaptées :

Peorth (favorise les nouvelles rencontres)
Ing (aide à aboutir)
Rad (provoque les rencontres en voyage)
Ur : (accroît la séduction)

Les symboles du Yi-King

Yi-King signifie " structures " ou " lois du changement ". Le livre du Yi-King — le " livre des transformations " — renferme toutes les combinaisons possibles de l'association Yin-Yang, ordonnées selon les conceptions séculaires de la pensée chinoise.

C'est d'abord la notion double du clair et de l'obscur matérialisée par le symbole du Yin-Yang :

Cette dualité se décline sous toutes les formes opposées et complémentaires — des plus concrètes aux plus abstraites — qui composent l'univers.

Le Yin-Yang, c'est l'association Lune-Soleil ou Isis-Osiris. Ou bien encore, pour ce qui concerne la pyramide, c'est la chambre de la reine (point focal lunaire, énergie Yin) et la chambre du roi (point focal solaire, énergie Yang).

C'est aussi une multitude d'autres associations duales comme froid et chaud, noir et blanc, rapide et lent, flux et reflux, positif et négatif, intérieur et extérieur, masculin et féminin... des plus concrètes aux plus abstraites.

Les figures du Yi-King sont dessinées à l'aide de six traits — traits Yin ⚋ et traits Yang ⚊ — mais, en fait, sont composées de deux figures de trois traits appelées " trigrammes ". Ceux-ci sont au nombre de huit qui contiennent en eux toutes les potentialités énergétiques d'origine cosmique ou tellurique :

☰

Kien est composé de trois traits Yang. C'est l'élément générateur qui représente la force active, l'énergie positive, la puissance, l'indépendance, l'initiative et, parfois même, l'agressivité. Il représente l'action conquérante, la domination, l'autorité et la force cosmique. Il est traditionnellement rattaché au Ciel, au masculin, à la tête et au père. Sa couleur est le rouge sombre. Il correspond à la chambre du roi ou point focal solaire.

☷

Kouen est composé de trois traits Yin. C'est l'ouverture totale, là où plus rien n'offre de résistance. Il émet l'idée de réceptivité. C'est le réceptacle. Il représente ce qu'on reçoit et qu'on donne. C'est la soumission totale, l'action passive et obéissante, le don de soi au service de tous. C'est l'image d'un terrain plat et sans obstacle. Il est traditionnellement rattaché à la terre, au féminin, au ventre et à la mère. Sa couleur est le noir. Il correspond à la chambre de la reine ou point focal lunaire.

Touei est composé de deux traits Yang surmontés d'un trait Yin. C'est l'image paisible d'un lac, synonyme de sérénité, de calme et de satisfaction. Il représente la manifestation du plaisir et sa recherche. L'élément Yin du haut favorise l'ouverture, la réceptivité et la communication. Il est traditionnellement rattaché à l'énergie juvénile, à la bouche et à la langue. Il peut être associé indifféremment à l'une ou l'autre des deux chambres.

Li est composée de deux traits Yang contenant en leur milieu un trait Yin. C'est l'image du nœud et de l'attachement. Le trait Yin représente la malléabilité qui donne du mouvement à la rigidité Yang. Tout comme les flammes d'un foyer, c'est la chaleur intérieure, l'énergie combustible qui se consumme et permet de soutenir un effort jusqu'au bout. Il est traditionnellement rattaché à l'œil, à la vue, au feu, au soleil, à l'éclair. Il est l'énergie de l'adolescence. Il se place dans la chambre du roi au point focal solaire.

Souen est composé de deux traits Yang surmontant un trait Yin. L'ouverture qui se fait ainsi par le bas rend la rigidité Yang plus malléable, car elle est pénétrée en douceur, sans agressivité par l'énergie Yin. Il représente la parfaite adaptabilité, l'éducation et le développement complet. Il est traditionnellement rattaché aux cuisses et aux organes génitaux. C'est l'image du bois, du vent, symbolisée par la couleur blanche. C'est l'énergie de la maturité responsable. Il se place dans la chambre de la reine au point focal lunaire.

Ken est composé de deux traits Yin surmontés d'un trait Yang dont la rigidité ferme le passage comme un couvercle. Il représente le manque d'ouverture, l'immobilisme et la paralysie. C'est la fin d'un cycle, le terme ou l'arrêt. C'est l'image de la stabilité sans fantaisie et sans progrès. Il est traditionnellement rattaché aux mains, à la montagne et aux gardiens. C'est l'énergie de la maturité. Il peut se placer indifféremment dans l'une ou l'autre des deux chambres.

K'an est composé de deux traits Yin renfermant un trait Yang. L'élément rigide est entouré de malléabilité, donc d'instabilité. Il ne peut compter que sur lui-même. Il représente la difficulté, l'épreuve ou le danger. C'est l'image de la solitude, la fatigue et le froid. Il est traditionnellement rattaché aux oreilles, à l'eau, aux pièges et à tout ce qui se courbe. Sa couleur est le rouge. Il est l'énergie de l'adolescence agressive. Il vaut mieux ne pas l'utiliser.

Tchen est composé de deux traits Yin surmontant un trait Yang. La rigidité pousse sans rencontrer de résistance et sans aucune retenue. C'est l'impulsion ou l'impulsivité. Il représente l'éveil et le début d'une action, même si elle manque de réflexion. Il est traditionnellement rattaché aux pieds, au tonnerre, au dragon. Sa couleur est le jaune sombre. C'est l'énergie de la naissance. Il se place dans la chambre du roi au point focal solaire.

Les énergies Yin et Yang s'associent et se déclinent jusqu'à former soixante-quatre figures différentes — ou hexagrammes — qui représentent toutes les réalisations universelles, visibles ou invisibles, intervenant quotidiennement dans notre existence.

Nous avons sélectionné vingt et un de ces hexagrammes que l'on peut employer efficacement pour renforcer l'énergie pyramidale. Ceux qui sont accompagnés de trois étoiles sont les plus positifs. Avec deux étoiles, ils sont simplement bénéfiques et avec une étoile ils sont utiles.

En apprenant à les connaître, vous réaliserez vos propres associations ou vous les utiliserez individuellement si elles suffisent à votre intention.

*N° 13 : T'ong Jen **

L'hexagramme T'ong Jen représente l'identification à une communauté sociale amicale avec laquelle on a des intérêts étroitement liés. Les éléments qu'il engendre sont interdépendants, mais sont en consentement mutuel complet. Il est l'expression d'un sentiment amoureux réciproque.

Santé

T'ong Jen n'a pas d'influence dans ce domaine.

Matériel

T'ong Jen peut être utilisé pour le bien commun, mais pas pour l'intérêt individuel. Il favorise la gestion des comptes des sociétés ou des associations.

Professionnel

T'ong Jen aide efficacement les gestionnaires, les comptables et les associations.

Affectif

Il est l'expression même de l'amour désintéressé et de la recherche du bien-être de l'autre. Il peut aider votre partenaire à prendre conscience de vos besoins, de vos désirs et de votre présence. Il développe l'amour et le respect dans le couple. Il consolide les liens familiaux et renforce la cohésion d'une communauté en mettant en avant l'aspect amical et affectif.

Psychique

T'ong Jen est plus particulièrement approprié pour les médiums, voyants, occultistes, magnétiseurs, guérisseurs et radiesthésistes intéressés par le bien-être de leurs consultants.

Spirituel

Il est tourné vers les autres et développe le souci d'exercer une influence bienfaisante, la prise de conscience des réalités les plus importantes. Il encourage à soulager les misères humaines.

*N° 17 : Souei **

Souei représente l'idée de suivre ou d'être suivi avec l'espoir de parvenir à un état de satisfaction sereine. C'est l'impulsion vers une destination plaisante.

Santé

Souei permet de maîtriser les impulsions ou l'impulsivité. Il donne le calme et la sérénité aux nerveux et aux “ stressés ”

Matériel

Souei permet de se lancer dans une voie délicate, avec calme et sérénité. Il permet d'affronter l'adversité avec lucidité. Il donne l'impulsion pour s'engager dans une voie qui mène au règlement satisfaisant de ses problèmes.

Professionnel

Souei est l'hexagramme des dirigeants, des meneurs et des responsables. Mais il permet aussi aux employés de trouver de bons dirigeants et de bonnes entreprises quand ils recherchent un emploi.

Affectif

Souei favorise l'attirance et la séduction. Il sert essentiellement à stimuler l'attrait qu'on exerce envers les autres.

Psychique

Souei apporte l'étincelle qui dynamise les psychismes endormis ou affaiblis. Il rend les débutants persévérants. Il aide à obtenir la satisfaction de bons résultats futurs.

Spirituel

Souei stimule le début de l'engagement qui vise à obtenir la sérénité, le calme et la paix. Il permet l'ouverture de la voie dans laquelle on s'engage sans inquiétude pour le lendemain.

*N° 24 : Fou **

Fou représente le retournement d'une situation dans un sens favorable. C'est l'ouverture après un blocage ou une fermeture. Il redonne l'espoir et incite à s'engager dans une nouvelle voie en abandonnant le chemin sans issue où l'on s'était fourvoyé.

Santé

Fou permet de recouvrer la santé après une longue maladie. C'est l'hexagramme de la convalescence.

Matériel

Fou n'apporte pas la richesse ou l'aisance matérielle mais il représente une sauvegarde dans les situations difficiles ou précaires et accorde une nouvelle chance.

Professionnel

Fou agit essentiellement pour favoriser l'obtention d'un emploi et retrouver de meilleures conditions d'existence, surtout si l'on est chômeur de longue durée. Il est utile également pour démarrer une nouvelle entreprise ou un nouvel emploi.

Affectif

Fou vient en aide après un échec ou une déception. Il permet de prendre un nouveau départ en évitant les erreurs passées. Il peut être l'impulsion, le début d'une histoire d'amour.

Psychique

Fou est l'impulsion des énergies tellurique ou magnétique. Il agit plus particulièrement sur les 1er, 2e, 3e et 4e chakras.

Spirituel

Fou représente une nouvelle ouverture dans toutes les voies spirituelles. Là aussi il n'est qu'un commencement ou un recommencement et non une fin en soi.

*N° 26 : Ta Tch'ou **

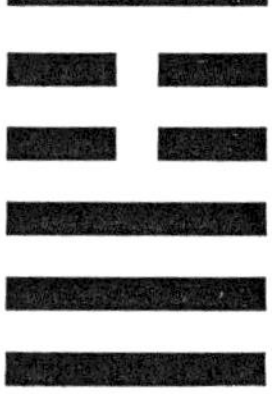

Ta Tch'ou s'exprime dans les situations où une forte pression doit être neutralisée par un moyen subtil à défaut de pouvoir l'affronter ouvertement. Il ne s'agit pas de répondre à la force par la force car les chances sont inégales, il faut faire preuve d'ingéniosité.

Santé

Ta Tch'ou permet de supporter les épreuves physiques ou morales. Il aide à combattre les états dépressifs ou les maladies psychosomatiques.

Matériel

Ta Tch'ou est idéal pour affronter des négociations difficiles où les interlocuteurs ont l'avantage des moyens et sont en position de force.

Professionnel

Ta Tch'ou aide à supporter la pression des responsabilités professionnelles. Il concerne donc surtout les chefs d'entreprises et les responsables de tous niveaux.

Affectif

Ta Tch'ou concerne surtout les situations conflictuelles qui vont jusqu'au divorce ou la séparation. Il aide à les assumer.

Psychique

Ta Tch'ou renforce le courage et l'assiduité de ceux qui pratiquent des disciplines particulièrement difficiles et réclamant une dépense énergétique importante. Il s'agit des pratiquants à un stade avancé.

Spirituel

Ta Tch'ou permet d'être actif quand tout semble

bloqué ou stagnant. Il évite la désespérance et le renoncement.

*N° 35 : Tsin **

Tsin représente une situation en marche. Il concentre toute l'activité déployée qui permet de faire progresser les choses dans un sens favorable. Rien ne peut empêcher cette progression, mais rien ne peut l'arrêter non plus.

Santé

Tsin apporte de l'énergie au niveau du ventre et des organes génitaux. Il favorise la croissance et stimule les fonctions internes.

Matériel

Tsin fait avancer les choses et accorde une croissance satisfaisante aux placements et aux affaires. Il permet ainsi d'éviter les blocages et les attentes.

Professionnel

Tsin fait progresser les activités professionnelles. Il favorise l'expansion d'une entreprise ou d'une carrière.

Affectif

Tsin redonne de l'élan à une relation qui stagne. Il incite les couples à remarcher dans la même direction.

Psychique

Tsin représente l'énergie solaire et tellurique. Il donne une force intérieure qui engendre des résultats concrets et visibles, sans ambiguïté.

Spirituel

Tsin éclaire le chemin, le rend plus aisé. Il favorise des progrès nets et continus. Il efface ombres et doutes qui pourraient ternir l'engagement choisi.

*N° 40 : Hiai **

Hiai représente la fin des tensions, la libération des contraintes. Il projette l'épreuve, le danger, la difficulté en arrière. Il donne l'impulsion nécessaire pour s'éloigner du passé, tirer un trait.

Santé

Hiai stimule le cœur et la circulation. Il aide à sortir des états dépressifs ou à n'y pas tomber.

Matériel

Hiai permet seulement de régler une situation délicate qui présente un réel danger pour les finances.

Professionnel

Hiai permet de mettre un terme à l'emploi qui comporte des conditions trop pesantes et ne correspond pas aux prévisions du départ. Il aide pareillement les employeurs à se débarasser d'employés qui sont un danger pour l'entreprise.

Affectif

Hiai n'a pas d'influence dans ce domaine, si ce n'est pour se libérer de l'attachement qui fait mal.

Psychique

Hiai allège le mental et le psychisme en transformant la pratique en un moment de détente et en libérant le pratiquant des tensions préjudiciables à ses progrès.

Spirituel

Hiai peut provoquer la libération jusqu'au niveau ultime. On doit donc l'utiliser avec la plus extrême prudence.

*N° 42 : Yi **

Yi représente le point extrême de la croissance, l'aboutissement favorable d'une situation et son développement maximal. Mais il faut savoir gérer les résulats obtenus…

Santé

Yi stimule la croissance et le développement des enfants et des adolescents. Se rapportant aux membres inférieurs, il permet de traiter tous les problèmes survenant aux pieds, aux jambes et aux cuisses.

Matériel

Yi permet d'obtenir la croissance et le rendement les meilleurs pour les déplacements professionnels, les affaires et les finances.

Professionnel

Yi favorise la formation, toutes les professions de l'enseignement, les formateurs, les enseignants et les étudiants. Il aide à parvenir aux meilleurs résultats proportionnellement à ses moyens.

Affectif

Yi apprend à donner et à recevoir. Il favorise ainsi les échanges entre les partenaires, sans fausse pudeur et sans ambiguïté. Mais il ne garantit pas la durée d'une relation.

Psychique

Yi favorise le développement des énergies psychiques et apprend comment s'en servir. Il permet d'atteindre le niveau optimal du développement.

Spirituel

Yi représente l'achèvement de la phase préparatoire, l'aboutissement de l'enseignement préliminaire avant d'avancer réellement dans une voie spirituelle.

N° 45 : Ts'oue *

Ts'oue représente le rassemblement et l'accumulation des éléments nécessaires à la réalisation d'un projet ou d'un objectif. Ses aspects sont favorables et laissent espérer un aboutissement conforme aux désirs de celui qui l'utilise.

Santé

Ts'oue concerne la préparation physique avant un effort ou une activité nécessitant un engagement total et représentant un risque sérieux pour la santé.

Matériel

Ts'oue n'amène pas la conclusion favorable ni le bénéfice dans les affaires. Il permet simplement de trouver les bons moyens pour mettre en œuvre un projet et le mener jusqu'à sa complète réalisation.

Professionnel

Il favorise les professions d'organisation et de management, les gestionnaires et les diplomates.

Affectif

Ts'oue apporte le soutien affectif et l'amour dont le partenaire a besoin pour que la relation sentimentale soit consolidée. Il favorise l'union amoureuse et les liens familiaux ou amicaux.

Psychique

Ts'oue n'est d'aucune aide pour les pratiquants solitaires. Il optimise les exercices de groupe, l'interactivité, la communication. Il aide le groupe à former un tout indissociable.

Spirituel

Il représente l'accumulation des expériences qui mènent à la réalisation spirituelle. Il stimule l'interaction spirituelle dans un groupe solidaire, facilite l'oubli et l'abandon de l'ego.

*N° 48 : Tsing **

Tsing représente le renouvellement des ressources intérieures et extérieures. Il favorise donc plutôt le travail en profondeur que ce soit au niveau matériel, psychique ou spirituel. Son action n'est pas rapide et n'est efficace que sur le long terme. Il faut savoir faire preuve de patience pour récolter ce qu'il a semé.

Santé

Tsing permet de vivifier les organes internes et le cœur, mais en faisant preuve de patience.

Matériel

Tsing renfloue les finances épuisées et ouvre à des opportunités matérielles fermées jusqu'alors.

Professionnel

Tsing concerne toutes les professions liées aux ressources humaines et matérielles : cela va du sauveteur au repreneur de société en perdition, en passant par les pourvoyeurs de soins médicaux et paramédicaux.

Affectif

Tsing redonne de l'allant à une relation en train de s'épuiser, un regain d'énergie qu'il faudra veiller à ne pas laisser décliner à nouveau.

Psychique

C'est dans ce domaine que Tsing prend toute sa dimension. Il régénère les énergies en aidant à puiser au plus profond de soi-même les ressources qui y sont enfouies.

Spirituel

Tsing permet là aussi d'avoir accès à sa nature profonde, pour en exprimer la réalité cachée et révéler ses aspects sombres et lumineux sans lesquels aucune évolution spirituelle n'est possible.

*N° 58 : Touei **

Touei représente à la fois la satisfaction, le plaisir, la joie, la sérénité et le calme paisible. Il symbolise également la communication et, à ce titre, permet la bonne circulation des informations. Il est favorable si on ne laisse pas ses tendances égoïstes prendre le dessus.

Santé

Touei se rapporte à la bouche et à la langue. Il intervient sur les voies orales, la nourriture, les régimes et les inflammations de la gorge.

Matériel

Touei procure les informations nécessaires pour mener à bien les opérations en bourse et traiter n'importe qu'elle affaire. Il optimise le résultat des transactions.

Professionnel

Touei aide les professions de la communication, des loisirs et du plaisir le plus sain au plus pervers.

Affectif

Touei concerne à la fois les relations dans le couple en favorisant l'entente entre époux et les aventures extra-conjugales. Il favorise les rencontres et la sexualité. Il apporte la satisfaction des désirs et des fantasmes les plus secrets.

Psychique

Touei accorde calme et sérénité aux psychismes fragilisés. Il facilite les pratiques paisibles et favorise la réceptivité aux énergies liées à l'eau.

Spirituel

Dans ce domaine, Touei conduit vers la sérénité et favorise les échanges fructueux entre les personnes engagées sur la même voie spirituelle ou une voie similaire.

N° 30 : Li **

Li représente l'attachement et l'adhésion complets aux événements. Il favorise l'intérêt commun et laisse espérer de grandes réalisations après un travail acharné et assidu. C'est

la juste conclusion à un effort
soutenu.

Santé

Li représente la vue. Il se rapporte aux yeux et aux soins qui les concernent. Il est aussi le régulateur de la température qui intervient en cas de refroidissement.

Matériel

Avec Li, on ne peut pas prendre de risque. Il favorise les placements à long terme et apporte le résultat attendu après qu'on se soit bien battu pour l'obtenir.

Professionnel

Li aide les occulistes et les opticiens, mais aussi tous les collaborateurs des entreprises en général, en favorisant leur cohésion. Il permet de trouver des employés sérieux et de bons employeurs.

Affectif

Li symbolise l'amour chaleureux, le partage et le souci de l'intérêt réciproque des partenaires. Il favorise les relations familiales et amicales pleines de chaleur.

Psychique

Li représente l'énergie du feu et la force solaire qu'on reçoit et qu'on transmet. Il aide efficacement les magnétiseurs, les guérisseurs et les yogins.

Spirituel

Li, c'est la flamme de la spiritualité dans son sens de révélateur. Il favorise le sacrifice volontaire de l'égoïsme qui freine l'évolution. C'est l'amour universel et humanitaire.

N° 31 : Hien **

Hien représente l'influence qui favorise une alliance nouvelle. Il agit pour ce qui concerne les engagements futurs et à long terme, mais sans rien conclure définitivement.

Santé

Hien n'est pas concerné par ce domaine.

Matériel

Hien exerce une influence déterminante pour faciliter la conclusion de contrats et de projets. Dans ce domaine, il favorise les associations financières.

Professionnel

Hien concerne les professions liées à la Bourse et aux transactions bancaires, ainsi que les vendeurs, les représentants et les diplomates. Il facilite l'établissement des contrats d'embauche et les négociations avec les futurs employeurs.

Affectif

Hien représente la demande en mariage ou les fiançailles. Grâce à lui, la future épouse peut exercer son influence la plus déterminante. Il est donc plus utile aux jeunes filles et aux jeunes femmes qu'aux épouses et aux femmes mûres.

Psychique

Hien n'a pas grand intérêt pour ce domaine.

Spirituel

Hien a un champ d'action davantage tourné vers la réalisation terrestre. De ce fait, il est peu concerné par la spiritualité.

*N° 32 : Hong ***

Hong représente la durée ou l'alliance durable. C'est “ la voie de l'époux et de l'épouse ”, dit le texte canonique chinois. C'est l'harmonisation des rapports conjugaux et, par extension, de toutes les alliances dans tous les domaines.

Santé

Hong favorise la circulation au niveau des pieds, des jambes, des cuisses. Il permet de ménager les efforts et de ne pas aller au-delà des possibilités.

Matériel

Hong représente le long terme pour les placements et affaires, les contrats et résultats durables.

Professionnel

Hong favorise les emplois de longue durée et l'élaboration du plan de carrière. Il permet de trouver un contrat à durée illimitée.

Affectif

Hong représente le mariage et la vie de couple. Il protège toutes les relations sérieuses et durables. Il rend fidèle en amour et en amitié.

Psychique

Hong favorise les développements aux effets durables. Il engendre la complète maîtrise des énergies et leur disponibilité pour longtemps.

Spirituel

Hong protège les engagements spirituels en terme de durée et profondeur. Il influence le cheminement terrestre en favorisant les activités servant la voie choisie sans que l'intérêt particulier intervienne.

*N° 46 : Cheng ***

Cheng représente l'élévation sur le plan social. Il favorise la promotion et, sur le plan spirituel, il permet l'accession à des états de consciences différents. Il assure une bonne protection contre les risques d'échec dans tous les domaines.

Santé

Cheng protège les cuisses et le ventre, et préserve notamment des descentes d'organes.

Matériel

Cheng favorise les transactions du côté du vendeur : il permet de faire monter les prix significativement et dans de bonnes conditions.

Professionnel

Cheng se rapporte aux professions de l'escalade et de la montagne. Il aide aussi à obtenir une promotion et à accèder à des postes élevés. Il favorise l'ambition. Il permet d'obtenir un emploi en rapport avec ces aspects.

Affectif

Cheng donne un coup de pouce aux relations

amoureuses intéressées et qui tiennent compte de la position sociale. Il ne s'agit pas là de sentiment mais plutôt d'objectif à atteindre. Il aide à parvenir au but que l'on s'est fixé dans ce domaine.

Psychique

Cheng facilite les exercices psychiques qui permettent la montée de kundalini et l'ouverture des chakras par le bas.

Spirituel

Dans ce domaine, Cheng conduit au détachement et favorise l'élévation dans le sens le plus large et le plus haut.

*N° 50 : Ting ***

Ting représente la possibilité de donner une tournure définitive à une situation quelconque. Il permet l'achèvement d'un projet ou d'un événement. Il donne une stature forte sur le plan physique ou social.

Santé

Ting n'a pas d'implication particulière dans ce domaine

Matériel

Ting représente le développement fructeux des biens matériels et l'opulence. Il permet de réaliser des bénéfices très substantiels. Il favorise particulièrement les placements et les transactions.

Professionnel

Ting se rapporte aux professions de la finance et des grosses industries. Il stabilise les emplois des cadres et permet d'obtenir des responsabilités supplémentaires. Il aide les démarches de recherches d'emplois à aboutir dans ces domaines précis.

Affectif

Ting représente la douceur et la chaleur dans les relations sentimentales. Mais il peut être aussi la passion ou le désir sexuel exacerbé.

Psychique

Ting est le “ chaudron ” de l'accupuncture chinoise. Il symbolise la transformation définitive des énergies. Il crée l'apogée et l'aboutissement de l'alchimie interne.

Spirituel

Ting est également l'aboutissement de l'alchimie spirituelle dans sa perfection symbolisée par les anneaux de jade de la tradition chinoise taoiste et bouddhiste.

N° 61 : Tchoung Fou **

Tchoung Fou représente la force intérieure, la motivation ou la conviction profonde. Il apporte dans l'action ou la réflexion la profondeur et la sincérité. Il permet de jouer sur la confiance et d'écarter les doutes.

Santé

Tchoung Fou intervient sur l'aspect psychosomatique d'une affection et permet de prendre conscience de son origine.

Matériel

Tchoung Fou donne confiance en soi mais n'intervient pas directement dans le domaine matériel.

Professionnel

Tchoung Fou peut aider les psychologues, les psychiatres et les psychanalystes, ainsi que les membres du clergé et les religieux de toutes confessions. Il donne aussi confiance en soi lorsqu'on recherche un emploi.

Affectif

Tchoung Fou favorise l'amour profond basé sur

la confiance mutuelle. Il a la même influence dans les relations familiales et amicales.

Psychique

Tchoung Fou est l'énergie venant de l'intérieur. Il représente à la fois la conviction qui permet d'entreprendre et la réalisation concrète. Son usage peut aussi modifier tous les paramètres des actions occultes.

Spirituel

Tchoung Fou agit pour révéler les éléments intérieurs sur lesquels s'établissent les critères du choix quand la conscience va s'engager à fond.

*N° 1 : Kien ****

Kien représente le créatif ou l'actif entièrement Yang. C'est la domination de tous les éléments et de toutes les situations. C'est la dynamique et l'initiative fortes et entreprenantes. Il assure le succès et la réalisation agressive.

Santé

Kien agit au niveau de la tête et du sexe masculin. Il est bon, surtout, pour les personnes ayant une insuffisance Yang.

Matériel

Kien représente la domination dans tous les domaines, à plus forte raison dans celui de la finance et des affaires. C'est l'hexagramme qui aide à faire les grosses fortunes gérées de manière despotique.

Professionnel

Kien symbolise le dirigeant par excellence. Il est utile aux ambitieux, à ceux qui entreprennent coûte que coûte, décidés à tout emporter sur leur passage. Il rend aussi fort et infatiguable à la tâche.

Affectif

Kien ne se préoccupe pas beaucoup de sentiment... Il ne peut concerner que les séducteurs qui s'efforcent d'allonger indéfiniment leur tableau de chasse.

Psychique

Kien renforce le psychisme de l'énergie Yang active et de polarité positive. Il ne peut pas toujours être utilisé seul. Il faut essayer de l'associer en une combinaison Yin-Yang.

Spirituel

Kien représente le ciel agissant. À ce niveau de spiritualité, il permet de prendre le plein pouvoir sur soi-même dans l'action totale de son engagement.

*N° 2 : Kouen ****

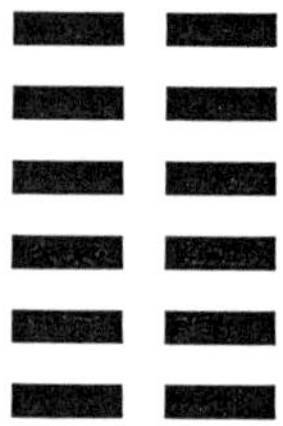

Kouen représente la réceptivité ou la passivité. C'est l'activité soumise symbolisée par le symbole Yin. C'est le don de soi et la préoccupation absolue à satisfaire les besoins des autres.

Santé

Kouen est le sexe féminin et le ventre. Il peut aider la grossesse et la maternité.

Matériel

Kouen représente l'idée d'économie et de sécurité. Il ne concerne pas la spéculation ou les placements hasardeux. Il favorise plutôt l'économie et la petite épargne.

Professionnel

Kouen se rapporte aux métiers de l'entretien et ceux qui ont un rapport avec l'intérieur. Il est favorable aux employés sans responsabilité et aux exécutants.

Affectif

Kouen favorise l'acceptation passive de la domination de l'autre partenaire. Il protège la famille et la maternité.

Psychique

Kouen est l'énergie de la terre, le contact privilégié avec la nature et les forces naturelles. Il est favorable à toutes les pratiques dirigées dans ce sens.

Spirituel

Kouen exalte la spiritualité liée à la terre et à l'humanité souffrante. Il favorise la prise de conscience des réalités de ce monde en aidant à les intégrer dans sa démarche.

N° 11 : T'ai ***

T'ai représente l'harmonie et la rencontre des éléments Yin-Yang sans cesse en mouvement, qui se renouvellent constamment et ne connaissent jamais de rupture d'équilibre. Très favorable, il rattrape toutes les situations délicates et difficiles, celles dont l'équilibre est instable.

Santé

T'ai préserve l'état de santé et rétablit l'harmonie entre la tête et le ventre.

Matériel

T'ai représente la notion de juste milieu et favorise l'absence de disparité entre les investissements et le rendement.

Professionnel

T'ai est la rencontre des opposés, l'harmonisation des contradictions, l'union des éléments complémentaires. À ce titre, il favorise donc au premier chef les médiateurs, les conseillers et les diplomates.

Affectif

T'ai symbolise l'union idéale et le terrain d'entente réalisé entre l'homme et la femme. Il engendre l'accord parfait et la vibration de l'amour à l'unisson.

Psychique

T'ai assure l'équilibre optimal entre les vibrations mentales et le rayonnement des énergies internes. Il harmonise tous les chakras, entre eux et individuellement, et rétablit ainsi l'équilibre idéal.

Spirituel

T'ai signe l'harmonie entre la Terre et le Ciel, entre l'humain et le divin, dans toute l'acceptation du terme. Il représente la fusion entre les natures matérielle et spirituelle. Il favorise toutes les réalisations.

*N° 14 : Ta Yéou ****

Ta Yéou représente la grande réalisation ou la grande possession. Il aide à réaliser les objectifs les plus ambitieux. Il est très favorable pour tous ce qui concerne les projets de grande envergure et dans tous les domaines.

Santé

Ta Yéou n'a pas d'efficacité particulière dans ce domaine.

Matériel

Ta Yéou assure la réussite matérielle et favorise toutes les ambitions et les carrières prestigieuses. Mais chacun, à son niveau, peut l'utiliser pour faire aboutir ses projets, même s'ils ne sont pas d'une ambition folle.

Affectif

Ta Yéou protège les relations de couple dont l'ascension sociale est l'objectif commun. Il favorise aussi l'amour alimenté par l'admiration réciproque.

Psychique

Ta Yéou représente la perception mentale et le

pouvoir magnétique du regard. Il permet à toute l'énergie Yang de passer dans les yeux et de s'entrenir à un foyer intérieur inépuisable.

Spirituel

Ta Yéou est la réalisation spirituelle active à laquelle chacun peut tendre. C'est aussi l'hexagramme de l'illumination individuelle et collective.

N° 63 : Ki Tsi ***

Ki Tsi représente l'accomplissement total et parfait, mais sans possibilité de revenir en arrière. Il est la finalité absolue d'une action ou d'une situation. Il est très favorable, mais le résultat est sans appel.

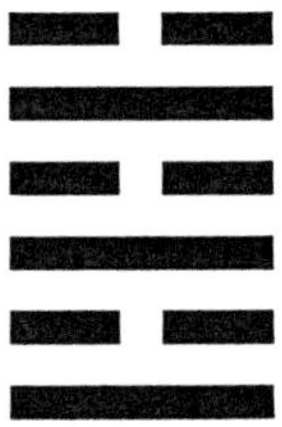

Santé

Ki Tsi exerce sa bonne influence au niveau des yeux et des oreilles.

Matériel

Ki Tsi permet d'amener à leur terme le plus positif les spéculations et les transactions. Il conclut de façon avantageuse les négociations les plus délicates.

Professionnel

Ki Tsi ne se rapporte pas à une profession en particulier. Chacun peut s'en servir pour mener à bien des projets ou des démarches en rapport avec l'activité professionnelle.

Affectif

Ki Tsi aide à réaliser les souhaits amoureux et leur apporte une conclusion heureuse. Il rétablit l'équilibre idéal dans les rapports du couple.

Psychique

Ki Tsi représente la relation entre l'énergie de l'eau et celle du feu. Il les fait coopérer sans jamais se combattre. C'est le lien entre l'inconscient et le conscient, sans qu'un envahissement réciproque soit possible.

Spirituel

Ki Tsi symbolise le point de jonction et l'équilibre entre la pratique ascétique et la vie sociale. Il favorise le passage de la vie à la mort et représente donc le point ultime de la vie spirituelle.

Exemple pratique

Parfois, il peut arriver qu'on ait le sentiment d'être victime d'une agression psychique : tout ce qu'on entreprend subit des blocages et manque d'aboutir, et des échecs répétés sur les plans matériel, sentimental, professionnel finissent par provoquer la certitude qu'on est envoûté…

Vrai ou faux ?… Quoi qu'il en soit, il n'en demeure pas moins qu'on souffre de façon bien réelle.

Pour se protéger ou se débarasser de ces influences, voici comment on peut procéder avec le Yi-King :

***Objectif** : Effacer les traces réelles ou subjectives d'un envoûtement*

- On utilise une pyramide *blanche*.
- On cherche dans les définitions pour trouver les hexagrammes qui correspondent le mieux à la demande :

  Touei : apporte calme et sérénité

  Tsing : resource le psychisme en profondeur

  Tchoug Fou : change l'action occulte en effet bénéfique

  Kien : renforce le psychisme

  Tai : réharmonise le psychisme

  Hong : pérennise le désenvoûtement

- On reproduit les hexagrammes sur de petits papiers.
- On les épingle les uns sur les autres dans l'ordre du processus au milieu du *point focal lunaire*.
- On les oriente en dirigeant le haut des hexagrammes vers le *nord* (si on les retourne, leur sens est différent, parfois même opposé !)
- On laisse à la pyramide le temps d'agir !

Les dessins actifs

Depuis la fin des années 40 et le début des années 50, les radiesthésistes ont expérimenté les influences émises par les mouvements apparemment désordonnés du pendule lorsqu'il réagit sur une question précise. À l'origine de cette pratique, il y a l'usage de la téléradiesthésie, branche de la radiesthésie se pratiquant par l'intermédiaire de planches anatomiques, plans de maison ou cartes routières pour rechercher l'origine d'une maladie ou retrouver une personne, un objet disparus[1]. On s'est rendu compte que ces éléments pouvaient ainsi devenir de véritables témoins représentatifs de l'objet de la recherche.

En 1951, un certain Marcel Perreaux établit une méthodologie simple pour fabriquer et utiliser des “ dessins actifs ” représentant un projet, une motivation ou un but à atteindre, et sur lesquels on pourrait effectuer un vrai travail d'impulsion. C'est cette méthode que nous vous proposons d'adapter au travail réalisé grâce à l'énergie pyramidale.

Dessin actif et énergie pyramidale

Les dessins actifs remplissent plusieurs fonctions. Il peuvent être des “ dessins-témoins ”, des “ dessins-protec-

[1] Voir : *ABC de la Radiesthésie* de Jean-Louis Crozier et Jacques Mandorla, même éditeur.

teurs ", des " dessins bénéfiques " et " des dessins amplificateurs ou émetteurs ". C'est l'intention dont vous les gratifierez pendant leur fabrication qui leur donnera l'une ou l'autre énergie particulière.

Leur fonctionnement s'explique par le fait que des ondes vibratoires sont émises par tous les tracés et toutes les écritures. C'est ce qui fait la puissance des pentacles et la force évocatrice des hiéroglyphes ou des idéogrammes chinois, par exemple.

Les dessins actifs présentés ici sont tous reliés à différentes cultures et traditions anciennes et, par là-même, ils appartiennent à l'inconscient collectif de l'humanité. Mais vous pouvez aussi créer votre propre langage pictural, comme le fait l'art abstrait, et personnaliser ainsi votre intention. Comme les autres éléments complémentaires, on utilise ces dessins actifs pour diriger ou renforcer l'énergie pyramidale et pour personnaliser son influence.

La fabrication du dessin actif

Les méthodes pour créer un dessin actif sont très simples et ne demandent aucun don artistique particulier :

- Prenez une feuille de papier et un pendule.
- Concentrez-vous sur l'intention, la motivation ou le but que vous désirez atteindre.
- Laissez aller le pendule au-dessus de la feuille jusqu'à ce qu'il se mette à tourner.

• Marquez ce point au crayon, puis repartez d'un autre côté de la feuille.

• Lorsque le pendule ne réagit plus du tout sur la feuille, c'est que la série de points est complète.

• Partez du premier point et, en interrogeant mentalement le pendule, déterminez avec quel autre point le relier et s'il s'agit d'une droite ou d'une courbe.

• Reproduisez le dessin obtenu sur un calque en le réduisant par photocopie. Il sera ainsi plus facile à positionner sous la pyramide. Profitez-en pour choisir un papier de la couleur correspondante.

Premier exemple

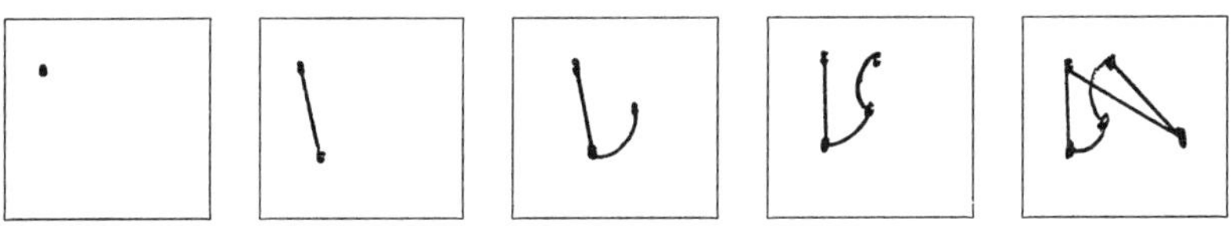

Deuxième exemple

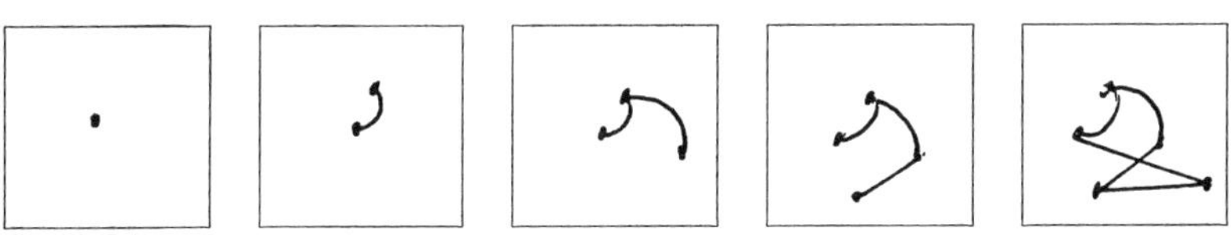

Voici une méthode encore plus simple et qui ne nécessite pas l'emploi du pendule :

- Prenez une feuille de papier et un crayon à dessin à mine tendre.
- Concentrez-vous sur votre objectif ou votre intention et dessinez un frottis au crayon pendant deux ou trois minutes, sans réfléchir aux mouvements de votre main, mais en continuant à penser à votre objectif.
- Si vous le souhaitez, utilisez des crayons de couleurs et superposez plusieurs frottis de façon instinctive.
- Utilisez le dessin obtenu comme le précédent.

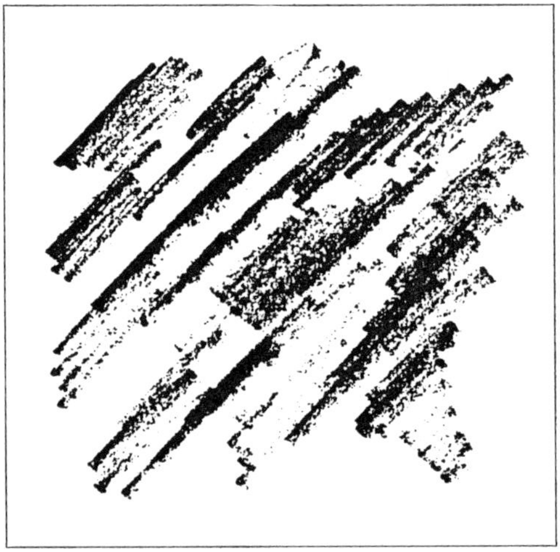

Exemple de frottis

Enfin, si vous le préférez, vous pouvez également combiner des symboles qui vous attirent en pendulant les pages d'un livre spécialisé[1] et réaliser ainsi des associations originales et inattendues.

[1] Par exemple : *Le Livre des signes et des symboles* de Inge Schwarz-Winklhofer et Hans Biedermann, Ed. J. Grancher, ou *Le Dictionnaire des symboles* de Jean Chevalier et Alain Gheerbrant. Ed. Laffont.

RÉCAPITULATIF DES APPLICATIONS DE L'ÉNERGIE PYRAMIDALE

SANTé	Tarot	Planète	Géomancie	Rune	Yi-King
Perte d'énergie	1, 3, 4, 10, 11, 19	Soleil	3, 13	6, 8	1
Grossesse	2	Lune Vénus	8, 9	18	2, 35
Traitements	5, 20, 21			22	11
Thérapeutes	5, 20, 21			22	11
Effort intellectuel	7	Mercure		7, 17	
Sportifs	7	Mars		7, 2	26, 45
Convalescence	8		14	16	24
Longévité	9	Jupiter Saturne		23 et 4	
Opération	13		5		
Somnolence	17				
Chakras	17				
Organes internes		Lune Mercure Jupiter	1, 6, 14, 11		35, 48, 46
Cœur			4, 11		40, 48
Régimes			9, 11		58
Somatisation			10		26, 61
Virus			8		
Stress					17, 26, 40
Croissance					42
Vue					30, 63

MATéRIEL	**Tarot**	**Planète**	**Géomancie**	**Rune**	**Yi-King**
Spéculation	1, 4, 19	Vénus	3, 9, 14, 11	14, 23, 18, 2, 16	
Économie, gestion	2, 3, 7, 8, 9, 11, 19	Mercure Vénus Saturne	10	6, 17	13, 2, 11
Jeux	2 et 19			22	
Chance	4, 17, 19	Vénus	4, 8	14	
Contrats	5, 8, 11			24	26, 31, 32, 46, 63
Difficultés	7, 9, 21	1, 6 et 8		3	17, 24, 40
Court terme	10			23 , 5	
Investissements	11		11, 13	4, 17	35, 42, 48, 58, 14
Héritage	13		8, 13	24, 7	
Placements	17, 21	Saturne	9, 11, 13, 4, 5, 6	8, 18, 2, 16	35, 42, 58, 30, 14
Projets	17		14, 11		45, 31, 32, 63
Prospérité	19	Soleil Jupiter	5, 11, 13	8, 18, 1	50, 1, 14
Revenus	20	Mars	14, 11, 13	22, 23, 24, 4, 5, 2	42, 58, 30, 14

PROFESSION	Tarot	Planète	Géomancie	Rune	Yi-King
Communication	1, 3, 10, 19, 20, 21	Soleil Lune Mercure	9		
Création entrepr.	1, 19, 20	Soleil		7, 17	24
Orientation	1 et 20			18	
Scientifiques	2, 9	Mars Mercure Saturne	9, 11	24	
Arts, spectacles	3 ,19	Soleil Mercure Vénus	5, 8	14, 6	58
Recherche emploi	3, 7, 8, 10, 17, 20, 21		5, 9, 11	14, 23, 3, 2	24, 31, 32
Gestionnaires	4, 11, 19	Soleil Mercure	14		13,17,26,45,31,50
Responsables	4, 11, 19	Soleil Mercure	14		13,17,26,45,31,50
Promotion	4 ,19	Soleil		24, 3, 1, 2, 16	32
Juristes	5, 8, 19	Soleil Mercure Jupiter	9	24, 4	
Prof. médicales	5	Lune Mars	4		48
Indépendants	7		11		
Sportifs	7, 11, 19	Soleil Mars			
Militaires	7, 19	Soleil Mars	3, 4		
Enseignants	5, 9	Mercure	9	24	42

PROFESSION	Tarot	Planète	Géomancie	Rune	Yi-King
Politiques	7, 19	Soleil Lune			
Administratifs	8	Mercure Jupiter			31, 50
Luxe, esthétique	8, 17	Soleil Vénus	5		
Voyages	10 , 21	Lune	1, 9	5	58
Commerciaux	10, 19	Soleil Lune	13		50
Travail physique	11	Mars Saturne	4, 11		
Pompes funèbres	13	Saturne			
Tous les " psy "	13	Mercure	10		48, 30, 61
Religieux	13	Jupiter	4		61
Réussite, ambition	19	Soleil			35, 1
Littérature		Mercure	9, 10		
Aviation, altitude			9		46
Restauration				14	50

AFFECTIF	Tarot	Planète	Géomancie	Rune	Yi-King
Rencontres	1, 3, 7, 10, 19, 20, 21	Mercure, Vénus	1, 8	14, 23, 5, 6, 7, 8, 1	24, 58
Sexualité	1, 7, 10, 11, 20, 21	Mars, Vénus	3, 8	8, 18, 1, 2, 58, 50	
Rupture	1 et 20, 13	Mars			24, 26, 40
Mariage	2, 4, 8, 11, 19, 21	Lune Jupiter Vénus	10, 11	17, 18, 16	31, 32
Relation cachée	2	Lune Vénus		18	42, 58, 50
Séduction	3, 7, 11, 19, 21	Soleil Lune Vénus	13	22, 2	17, 58, 50, 1
Famille	4, 8, 11, 17, 19, 21	Lune	10, 13	23, 24, 4, 16	13, 45, 30, 2
Couple	5, 8, 11, 17, 19, 21	Lune Vénus	4, 9, 10, 14, 11, 13	22, 24, 4, 6, 16, 17	13,35,45,48,58,32
Tendresse	5	Lune Vénus	5		30, 50
Harmonie	5, 17	Lune Vénus	9, 13	22	11
Fidélité	9	Vénus	11	17	30, 61
Divorce	8, 13	Mars Saturne	6		26, 40
Célibat	9	Saturne			40

PSYCHIQUE	Tarot	Planète	Géomancie	Rune	Yi-King
Débutants	1	Mercure Jupiter	1	14	17, 45
Magnétisme	2 et 15, 19	Saturne	3, 10, 13	8, 1, 2	13, 24, 48, 30, 2
Divination, voyance	2, 9, 19	Lune Mercure Saturne	1, 10, 11	4	13, 30
Médiumnité	2, 9, 19	Lune Mercure Saturne	1, 10, 11	4	13, 30
Enseignement	3, 19	Mercure Jupiter Saturne	9	7	45
Occultistes	3, 9, 13, 19	Lune Mercure Saturne	3, 10, 8, 13	24, 3	13, 26, 48, 61
Domination de soi	4, 9, 10, 19	Jupiter	13	17, 16	26, 58
Initiation	5, 9	Lune Mercure Saturne	10	22, 5	17, 45
Équilibre psy	5, 10	Jupiter	13	6, 17, 16	17, 35, 58
Dévelop. mental	7, 19	Mercure Jupiter Saturne	10, 11, 13	23, 24, 6, 18	35, 42, 32, 14
Stabilité psy	8. 10	Jupiter	13	24, 17, 16	35, 58
Dévelp. psy	9, 17, 19, 20	Soleil Jupiter Saturne	9, 10, 11, 13	23, 24, 6, 18	35, 42, 32, 46
Circu. énergétique	11, 20	Saturne	4, 5, 13	8, 16	17,24,48,50,1,11
Protection psy	21	Saturne	6, 10, 14	17	40, 58

SPIRITUEL	Tarot	Planète	Géomancie	Rune	Yi-King
Démarrage	1,9,17	Mars	1	1, 2	17, 24, 61
Connaissance cachée	2, 9, 10	Mercure	11	2	45, 48
Élévation	3, 9, 13	Soleil	6, 10, 14	24, 4, 16	40,48,46,50,11,14
Développement	4, 9, 20	Jupiter Saturne	5, 13	22, 5, 17	26, 45, 50, 1
Enseignement	5, 9	Mercure	9	14, 6	42, 45, 58
Pratique	5, 9, 11, 17, 20	Lune Saturne	3, 4	3, 8, 18	35,42,45,32,50,2
Altruisme	19, 21	Vénus	8	6, 7	13, 30

CONCLUSION

Vous avez fait connaissance avec l'énergie pyramidale et elle va devenir pour vous de plus en plus familière et accessible. Loin de représenter désormais un élément décoratif ou le symbole tangible de l'Orient mystérieux, la Pyramide sera l'instrument polyvalent qui favorisera toutes vos démarches et vos entreprises tant sur le plan matériel et affectif que sur le plan psychique.

Mais elle accompagnera aussi votre évolution spirituelle si tel est votre désir, comme elle l'a fait aussi pour les pharaons et les grands prêtres de l'Antiquité égyptienne.

Nous l'avons dit, la Pyramide est comparable à une centrale d'énergie. Comme telle, vous devez la considérer comme une réserve dans laquelle vous puiserez en cas de nécessité. Mais si vous êtes tenté d'en faire un usage détourné ou excessif, il faudra vous souvenir que lorsqu'on fait trop pencher la balance du destin en appuyant sur l'un de ses plateaux, l'autre remonte dans les mêmes proportions, obéissant en cela à la loi fondamentale de relation entre la cause et l'effet.

L'ambition de ce livre est de vous procurer un outil efficace qui puisse vous rendre les plus grands services et contribuer à votre bien-être et votre évolution. En réalisant vos propres expériences, vous parviendrez sûrement à élaborer la méthode la mieux adaptée à votre personnalité. C'est tout un monde nouveau qui s'ouvrira alors à vous !

BIBLIOGRAPHIE

ABC des Couleurs, D. Beresniak, Ed. J. Grancher

ABC de la Géomancie, A.-M. Cacciaguerra, Ed. J. Grancher

ABC du Yi-King, B. Ducourant, Ed. J. Grancher

ABC de la Numérologie, J.-D. Fermier, Ed. J. Grancher

ABC des Runes, J.-P. Roenecker, Ed. J. Grancher

A la recherche du secret des pyramides, M. Toth et G. Nielsen, Presses de la Renaissance

Dictionnaire astrologique, H.-J. Gouchon, Dervy Livres

La Médecine de l'habitat, J. La Maya, Ed. Dangles

La Science mystérieuse des pharaons, Abbé Moreux, Ed. Doin

Le grand secret des pyramides de Guizeh, G. Gruais et G. Mouny, Ed. du Rocher

Le Guide pratique des dessins agissants, Ed. A. Labussière

Le Mystère d'Orion, R. Bauval et G. Adrian, Pygmalion

Le Nombre d'or, M. Cleyet-Michaud, P.U.F.

Le Pendule de Toth, M. Rocart, Ed. Serwranx

Les Pouvoirs cachés des pyramides, J. Jordy, Ed. De Vecchi

Le Secret de la grande pyramide, G. Barbarin, Ed. Adyar

Les Tarots, C. Silvestre-Haeberlé, Ed. J. Grancher

Manuel de l'énergie des pyramides, S. King, Ed. L'Etincelle

Santé et sexualité par le tarot, C. Silvestre-Haeberlé, Ed. Trédaniel

Sortilèges et talismans, G. Muchery, Ed. du Chariot

Théorie et pratique de la géomancie, J.-P. Roenecker, Ed. Dangles

Théorie et pratique des dessins actifs, Ed. Servranx

Votre Avenir au quotidien par le Yi-King, J. Warin, Ed. J. Grancher

TABLE DES MATIÈRES

Achevé d'imprimer en novembre 1999
sur presse Cameron
dans les ateliers de ***Bussière Camedan Imprimeries***
à Saint-Amand-Montrond (Cher)

Dépôt légal : novembre 1999.
N° d'impression : 994874/1.

Imprimé en France